Das Erste Englische Lesebuch für Anfänger, Band 2

Elisabeth May

Das Erste Englische Lesebuch für Anfänger
Band 2
Stufe A2
Zweisprachig mit Englisch-deutscher Übersetzung

LANGUAGE
PRACTICE
PUBLISHING

Das Erste Englische Lesebuch für Anfänger
Band 2
von Elisabeth May

Audiodateien: www.lppbooks.com/English/FirstEnglishReaderV2_audio/
Homepage: www.audiolego.com

Umschlaggestaltung: Audiolego Design
Umschlagfoto: Canstockphoto

5. Ausgabe
Copyright © 2013 2015 2018 Language Practice Publishing
Copyright © 2015 2018 Audiolego
Alle Rechte vorbehalten. Das Werk ist urheberrechtlich geschützt.

Table of contents
Inhaltsverzeichnis

So steuern Sie die Geschwindigkeit der Audiodateien 7

Die englischen Laute in der Internationalen Lautschrift 8

Kapitel 1 Der kranke Kater 10

Kapitel 2 Der Hamster rettete sich selbst 13

Kapitel 3 Ein Retter 17

Kapitel 4 Ein Kindermädchen mit Schweif 20

Kapitel 5 Ein sprechender Kater 22

Kapitel 6 Schläfriger Gast 25

Kapitel 7 Der Hund ist nicht schuld 27

Kapitel 8 Die Koffer 30

Kapitel 9 Professor Leonidas 33

Kapitel 10 Beim Zahnarzt 36

Kapitel 11 Gerechtigkeit siegt! 39

Kapitel 12 Wo ist das Meer? 43

Kapitel 13 Ein kleiner Job 47

Chapter 14 Hold! 50

Chapter 15 A wonderful present 53

Chapter 16 Confessions in an envelope 56

Chapter 17 A specialty of the house 60

Chapter 18 Tulips and apples 63

Chapter 19 Cake 66

Chapter 20 Exotic dinner 69

Chapter 21 High art 72

Chapter 22 Spring-cleaning 75

Chapter 23 Beige taxi 78

Chapter 24 Christmas tree 82

Chapter 25 Big fire 85

Chapter 26 Beware of angry dog! 88

Chapter 27 Mars's mistake 91

Chapter 28 Cutting in line 93

Chapter 29 Seat number thirteen 96

Chapter 30 Homework 99

English-German dictionary 102

German-English dictionary 119

Buchtipps 135

So steuern Sie die Geschwindigkeit der Audiodateien

Das Buch ist mit den Audiodateien ausgestattet. Die Adresse der Homepage des Buches, wo Audiodateien zum Anhören und Herunterladen verfügbar sind, ist am Anfang des Buches auf der bibliographischen Beschreibung vor dem Copyright-Hinweis aufgeführt.

Wir empfehlen Ihnen, den kostenlosen VLC-Mediaplayer zu verwenden, die Software, die zur Steuerung der Wiedergabegeschwindigkeit aller Audioformate verwendet werden kann. Die Steuerung der Geschwindigkeit ist auch einfach und erfordert nur wenige Klicks oder Tastatureingaben.

Android: Nach der Installation vom VLC Media Player klicken Sie auf die Audiodatei am Anfang eines Kapitels oder auf der Homepage des Buches, wenn Sie ein Papierbuch lesen. Wählen Sie "Open with VLC". Wenn Sie Schwierigkeiten beim Öffnen von Audiodateien mit VLC haben, ändern Sie die Standard-App für den Musik-Player. Gehen Sie zu Einstellungen→Apps, wählen Sie VLC und klicken Sie auf "Open by default" oder "Set default".

Kindle Fire: Nach der Installation vom VLC Media Player klicken Sie auf eine Audiodatei am Anfang eines Kapitels oder auf der Homepage des Buches, wenn Sie ein Papierbuch lesen. Wählen Sie "Complete action using →VLC".

iOS: Nach der Installation vom VLC Media Player kopieren Sie den Link zu der Audiodatei am Anfang eines Kapitels oder auf der Homepage des Buches, wenn Sie ein Papierbuch lesen, und fügen Sie ihn in den Download-Bereich des VLC Media Players ein. Nachdem der Download abgeschlossen ist, gehen Sie zu "Alle Dateien" und starten Sie die Audiodatei.

Windows: Starten Sie den VLC Media Player und klicken Sie auf die Audiodatei am Anfang eines Kapitels oder auf der Homepage des Buches, wenn Sie ein Papierbuch lesen. Gehen Sie nun in die Wiedergabe (Playback) und navigieren Sie die Geschwindigkeit.

MacOS: Starten Sie den VLC Media Player und klicken Sie auf die Audiodatei am Anfang eines Kapitels oder auf der Homepage des Buches, wenn Sie ein Papierbuch lesen. Nun, navigieren Sie zum Playback und öffnen die Optionen von Geschwindigkeit. Navigieren Sie die Geschwindigkeit.

Die englischen Laute in der Internationalen Lautschrift

Vokale

	Beispiele	Aussprache
ʌ	nut [nʌt] come [kʌm]	leicht geschlossenes aber ungerundetes a
ɑː	start [stɑːt] park [pɑːk]	
æ	bat [bæt] cat [kæt]	
ə	printer [ˈprɪntə]	wie das End-e in Katze, bitte
e	pet [pet] get [get]	ä wie in Bär, Käse
ɜː	earn [ɜːn] firm [fɜːm]	etwa wie ir in Wirt, aber offener
ɪ	bin [bɪn] big [bɪg]	kurzes i wie in Tisch
iː	meet [miːt] sea [siː]	langes i wie in biegen
ɔ	box [bɔks] want [wɔnt]	
ɔː	door [dɔː] source [sɔːs]	wie oo in boot
ʊ	cook [kʊk] good [gʊd]	kurzes u wie in Nummer
uː	two [tuː] cool [kuːl]	langes u wie in Blut, aber offener

Vokale, silbig

	Beispiele	Aussprache
aɪ	bike [baɪk] kind [kaɪnd]	etwa wie ei in Rein
aʊ	house [haʊs] round [raʊnd]	
əʊ	home [həʊm] go [gəʊ]	von /ə/ zu /ʊ/ gleiten
eə	care [keə] bear [beə]	
eɪ	game [geɪm] day [deɪ]	
ɪə	dear [dɪə] beer [bɪə]	von /ɪ/ zu /ə/ gleiten
ɔɪ	oil [ɔɪl] boy [bɔɪ]	etwa wie eu in neu
ʊə	poor [pʊə] tour /tʊə/	

Konsonanten

	Beispiele	Aussprache
j	year [jɪə] few [fjuː]	wie j in Junge
w	want [wɔnt] way [weɪ]	
ŋ	gang [gæŋ] king [kɪŋ]	wie ng in lang

	Beispiele	Aussprache
r	carry [ˈkæri] room [ruːm]	
s	sad [sæd] face [feɪs]	stimmloses s wie in Pasta
z	is /ɪz/ zero [ˈzɪərəʊ]	stimmhaftes s wie in Hase
ʃ	cash [kæʃ] station [ˈsteɪʃn]	wie sch in Schale
tʃ	chain [tʃeɪn] much [mʌtʃ]	wie tsch in Tschüss
ʒ	conclusion [kənˈkluːʒn]	
dʒ	jam [dʒæm] general [ˈdʒenrəl]	wie in Job
θ	month [mʌnθ] thanks [θæŋks]	
ð	this [ðɪs] father [ˈfɑːðə]	
v	drive [draɪv] very [ˈverɪ]	etwa wie w in wir

Betonungszeichen

: bedeutet, dass der vorhergehende Vokal lang zu sprechen ist

ˈ Hauptbetonung (bedeutet, dass die nachfolgende Silbe betont gesprochen wird)

ˌ Nebenbetonung (bedeutet, dass die nachfolgende Silbe betont gesprochen wird)

1

The sick cat
Der kranke Kater

A

Words
Vokabeln

1. a [eɪ] - ein
2. a lot [eɪˈlɑːt] - viel, viele
3. absolutely [ˌæbsəˈluːtli] - komplett
4. again [əˈgen] - noch einmal
5. all [ˈɔl] - alle
6. almost [ˈɔːlmoʊst] - beinahe
7. also [ˈɔlsoʊ] - auch
8. and [ænd] - und
9. answers [ˈænsərz] - antwortet
10. are [ɑːr] - sind
11. at [æt] - auf, bei, zu
12. be glad [bi ˈglæd] - sich freuen
13. big [ˈbɪg] - groß
14. breathing [ˈbriːðɪŋ] - atmend
15. but [bʌt] - aber
16. buys [ˈbaɪz] - kauft
17. cage [ˈkeɪdʒ] - Käfig, der
18. cat [kæt] - Kater, der
19. clear [ˈklɪr] - klar
20. closely [ˈkloʊsli] - genau
21. come [ˈkəm] - kommen
22. day [ˈdeɪ] - Tag, der
23. does [dʌz] - tut
24. doesn't [ˈdʌzənt] - tut nicht
25. don't [ˈdoʊnt] - tue nicht
26. don't worry [ˈdoʊnt ˈwɜːri] - keine Sorge
27. down [ˈdaʊn] - nach unten
28. eat [ˈiːt] - essen
29. evening [ˈiːvnɪŋ] - Abend, der
30. everything [ˈevriˌθɪŋ] - alles
31. from [frʌm] - von
32. gaze [ˈgeɪz] - Blick, der

33. get up ['get ʌp] - aufstehen
34. glad ['glæd] - glücklich
35. goes [goʊz] - geht
36. happened ['hæpənd] - passiert
37. happy ['hæpi] - fröhlicher
38. has [hæz] - hat
39. he [hi] - er
40. healthy ['helθi] - gesund
41. here [hɪər] - hier
42. home [hoʊm] - Zuhause, das
43. I ['aɪ] - ich
44. I'll ['aɪl] - ich werde
45. I'm ['aɪm] - ich bin
46. in [ɪn] - in
47. in front of [ɪn'frənt ɔv] - vor
48. interesting ['ɪntrəstɪŋ] - interessant
49. is [ɪz] - ist
50. isn't ['ɪzənt] - ist nicht
51. it ['ɪt] - es
52. its ['ɪts] - sein, ihr
53. just [dʒʌst] - nur, gerade
54. kitchen ['kɪtʃən] - Küche, die
55. later ['leɪtər] - später
56. leave ['liːv] - lassen
57. little ['lɪtl] - klein
58. look ['lʊk] - sehen, schauen
59. lying ['laɪɪŋ] - liegend
60. maybe ['meɪbi] - vielleicht
61. most interesting [moʊst 'ɪntrəstɪŋ] - interessanteste
62. mouse ['maʊs] - Maus, die
63. move ['muːv] - bewegen
64. no ['noʊ] - kein, nicht
65. not ['nɑːt] - nicht
66. now ['naʊ] - jetzt
67. of course [ʌv 'kɔːrs] - natürlich
68. one [wʌn] - ein
69. only ['oʊnli] - nur
70. ooh ['uː] - oh
71. other ['ʌðr] - anderen
72. out ['aʊt] - heraus
73. own ['oʊn] - eigener
74. owner ['oʊnər] - Besitzer, der
75. pet ['pet] - Haustier, das
76. phones ['foʊnz] - ruft an
77. place ['pleɪs] - Ort, der
78. play ['pleɪ] - spielen
79. rats ['ræts] - Ratten, die

80. remember [rə'membər] - erinnern
81. required [rɪ'kwaɪərd] - vorgeschriebenen
82. right here ['raɪt hɪər] - gleich hier
83. run ['rən] - rennt
84. sadly ['sædli] - traurig
85. salesman ['seɪlzmən] - Verkäufer, der
86. says ['sez] - sagt
87. see ['siː] - sehen
88. shop ['ʃɑːp] - Laden, der
89. should [ʃʊd] - sollte
90. sick ['sɪk] - krank
91. sleep [s'liːp] - schläft
92. so ['soʊ] - so
93. sometimes [səm'taɪmz] - manchmal
94. strange ['streɪndʒ] - seltsam
95. supposes [sə'poʊzɪz] - nimmt an
96. surprised [sər'praɪzd] - überrascht
97. taking ['teɪkɪŋ] - spricht
98. telling ['telɪŋ] - sagt
99. that [ðæt] - dass
100. the [ðiː] - der, die, das
101. them [ðəm] - sie, ihnen
102. then ['ðen] - dann
103. there [ðer] - dort
104. to [tuː] - in, nach, zu
105. today [tə'deɪ] - heute
106. toys [ˌtɔɪz] - Spielzeuge, die
107. truth ['truːθ] - Wahrheit, die
108. two ['tuː] - zwei
109. upset [əp'set] - traurig
110. vaccinations [ˌvæksə'neɪʃnz] - Impfungen, die
111. very ['veri] - sehr
112. was [wʌz] - war
113. watching ['wɑːtʃɪŋ] - beobachtet
114. week ['wiːk] - Woche, die
115. well ['wel] - gut
116. what ['wət] - was
117. when ['wen] - wann
118. whole [hoʊl] - ganz
119. why ['waɪ] - warum
120. will [wɪl] - werden
121. with [wɪθ] - mit
122. without [ˌwɪ'θaʊt] - ohne
123. worry ['wɜːri] - Sorge, die
124. would ['wʊd] - würde
125. you [ju] - du, Sie

B

The sick cat

Robert goes to a pet shop. He buys a little cat. He is very glad, but a week later Robert phones the pet shop and says that the cat is sick. It does not run and play.
"That is strange!" the salesman says. "The cat is absolutely healthy. It has all the required vaccinations! I remember well what a happy cat it was."
"I'm also very surprised!" Robert says.
"But now it lies in one place the whole day and almost doesn't move."
"Maybe it sleeps a lot?" the pet shop owner supposes.
"No, it doesn't sleep," Robert answers sadly. "It just lies and doesn't move. Only sometimes it comes to the kitchen to eat. But then it lies down again and doesn't get up."
The owner of the pet shop sees that Robert is very upset.
"Don't worry. I'll come to you today and I will see what happened to the cat," he says.
He comes to Robert's home in the evening to look at the cat. He sees that Robert is telling the truth. The cat doesn't run and play. It lies and almost doesn't move… and in front of it there is a big cage with two rats - Robert's other pets. The cat is lying down and almost isn't breathing - it is watching the rats so closely without taking its gaze from them.
"Ooh," the owner of the pet shop says. "Of course, everything is clear now. Why should it run and play when the most interesting toys are right here. What cat would leave a mouse out of its own will?"

Der kranke Kater

Robert geht in eine Tierhandlung. Er kauft einen kleinen Kater. Er freut sich sehr. Aber eine Woche später ruft Robert die Tierhandlung an und sagt, dass der Kater krank sei. Er renne nicht und spiele nicht.
"Das ist seltsam!", sagt der Verkäufer. "Der Kater ist komplett gesund. Er hat alle vorgeschriebenen Impfungen bekommen! Ich kann mich gut daran erinnern, was für ein fröhlicher Kater er war."
"Ich bin auch sehr überrascht!", sagt Robert. "Aber jetzt liegt er den ganzen Tag nur an einem Ort und bewegt sich kaum."
"Vielleicht schläft er viel?", nimmt der Besitzer der Tierhandlung an.
"Nein, er schläft nicht", antwortet Robert traurig. "Er liegt nur herum und bewegt sich nicht. Er kommt nur manchmal in die Küche um zu fressen. Aber dann legt er sich wieder hin und steht nicht auf."
Der Besitzer der Tierhandlung merkt, dass Robert sehr traurig ist.
"Keine Sorge. Ich werde heute bei Ihnen vorbeikommen und werde nachsehen, was mit dem Kater passiert ist", sagt er.
Er kommt am Abend zu Robert nach Hause und sieht sich den Kater an. Er sieht, dass Robert die Wahrheit sagt. Der Kater rennt nicht und spielt nicht. Er liegt nur herum und bewegt sich kaum... und vor ihm steht ein großer Käfig mit zwei Ratten - Roberts anderen Haustieren. Der Kater liegt am Boden und atmet kaum - er beobachtet die Ratten ganz genau, ohne seinen Blick von ihnen zu wenden.
"Oh", sagt der Besitzer der Tierhandlung. "Jetzt ist natürlich alles klar. Warum sollte er herumrennen und spielen, wenn das interessanteste Spielzeug gleich hier ist. Welcher Kater würde freiwillig eine Maus alleine lassen?"

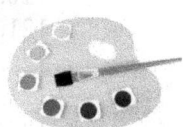

2

The hamster saved itself
Der Hamster rettete sich selbst

 A

Words
Vokabeln

1. about [əˈbaʊt] - über
2. acquainted [əˈkweɪntəd] - bekannt
3. active [ˈæktɪv] - aktiv
4. already [ɔlˈredi] - schon
5. always [ˈɔˌlwez] - immer
6. am [æm] - bin
7. an [æn] - ein
8. animal [ˈænɪml] - Tier, das
9. ann's [ˈænz] - Anns
10. aquarium [əˈkweriəm] - Aquarium, das
11. asleep [əˈsliːp] - schläft
12. away [əˈweɪ] - weg
13. be afraid [bi əˈfreɪd] - Angst haben
14. bed [ˈbed] - Bett, das
15. better [ˈbetər] - besser
16. brings [ˈbrɪŋz] - bringt
17. buy [ˈbaɪ] - kaufen
18. by [baɪ] - bei, an
19. can [kæn] - können
20. case [ˈkeɪs] - Fall, der
21. chases [ˈtʃeɪsəz] - verjagt
22. cheerful [ˈtʃɪrfəl] - fröhlich
23. cleaning [ˈkliːnɪŋ] - putzt sich
24. comes [ˈkʌmz] - kommt
25. common [ˈkɑːmən] - gemeinsam
26. cup [kʌp] - Trinkschale, die
27. drinking [ˈdrɪŋkɪŋ] - trinkend
28. drinks [ˈdrɪŋks] - trinkt
29. even [ˈiːvn] - sogar
30. every [ˈevri] - jeden
31. exactly [ɪgˈzæktli] - genau
32. feels [ˈfiːlz] - fühlt

33. feels sorry [ˈfiːlz ˈsɑːri] - tut ihr leid
34. fish [ˈfɪʃ] - Fisch, der
35. flowers [ˈflaʊərz] - Blumen, die
36. for [fɔːr] - für
37. friends [ˈfrendz] - Freunde, die
38. fruits [ˈfruːts] - Früchte, die
39. gets off [ˈgets ˈɔf] - kommt aus
40. gifts [ˈgɪfts] - Geschenke, die
41. give [ˈgɪv] - schenken
42. good [ˈgʊd] - gut
43. hamster [ˈhæmstər] - Hamster, der
44. have [hæv] - haben
45. hello [həˈloʊ] - hallo
46. help [ˈhelp] - helfen
47. her [hər] - sie, ihr
48. herself [hərˈself] - sich
49. hi [ˈhaɪ] - hallo
50. him [hɪm] - ihn, ihm
51. hope [hoʊp] - hoffe
52. house [ˈhaʊs] - Haus, das
53. how [ˈhaʊ] - wie
54. however [ˌhɑːˈwevər] - jedoch
55. hugs [ˈhʌgz] - umarmt
56. hurt [ˈhɝːt] - weh tun
57. I'd [aɪd] - ich würde
58. ill [ˈɪl] - krank
59. immediately [ˌɪˈmiːdiətli] - sofort
60. improve [ˌɪmˈpruːv] - aufhellen
61. into [ˌɪnˈtuː] - in
62. itself [ətˈself] - sich
63. knows [noʊz] - weiß
64. late [ˈleɪt] - spät
65. laugh [ˈlæf] - lachen
66. laughing [ˈlæfɪŋ] - lachend
67. laughs [ˈlæfs] - lacht
68. like [ˈlaɪk] - gerne etwas tun
69. likes [ˈlaɪks] - gerne haben
70. looks [ˈlʊks] - schaut an
71. loudly [ˈlaʊdli] - laut
72. me [ˈmiː] - mir, mich
73. mood [ˈmuːd] - Stimmung, die
74. morning [ˈmɔːrnɪŋ] - Morgen, der
75. much [ˈmʌtʃ] - viel
76. my [ˈmaɪ] - meine
77. named [ˈneɪmd] - heißt
78. need [ˈniːd] - brauche
79. new [ˈnuː] - neu
80. night [ˈnaɪt] - Nacht, die
81. offer [ˈɔfər] - anbieten
82. or [ɔːr] - oder
83. our [ˈaʊər] - unsere
84. outside [ˈaʊtˈsaɪd] - draußen
85. pays a visit [ˈpeɪz eɪ ˈvɪzət] - besucht
86. present [ˈprezənt] - Geschenk, das
87. quiet [ˈkwaɪət] - leise
88. realizes [ˈriːəˌlaɪzəz] - merkt
89. really [ˈriːəli] - wirklich
90. robert's [ˈrɑːbərts] - Roberts
91. room [ˈruːm] - Zimmer, das
92. running [ˈrʌnɪŋ] - Laufen, das
93. saved [ˈseɪvd] - gerettet
94. seems [ˈsiːmz] - es scheint
95. sees [ˈsiːz] - sieht
96. she [ʃi] - sie
97. shows [ʃoʊz] - zeigt
98. sits [ˈsɪts] - setzt sich
99. sitting [ˈsɪtɪŋ] - sitzt
100. sleep [sˈliːp] - schlafen
101. sleeping [sˈliːpɪŋ] - schlafend
102. sleeps [sˈliːps] - schläft
103. smiles [ˈsmaɪlz] - lächelt
104. something [ˈsʌmθɪŋ] - etwas
105. stares [ˈsterz] - starrt
106. starts [ˈstɑːrts] - beginnt
107. still [ˈstɪl] - immer noch
108. stop [ˈstɑːp] - aufhören
109. story [ˈstɔːri] - Geschichte, die
110. surprise [sərˈpraɪz] - überraschen
111. sweets [ˈswiːts] - Süßigkeiten, die
112. tells [ˈtelz] - erzählt
113. thank [ˈθæŋk] - danken
114. these [ðiːz] - diese
115. thinks [ˈθɪŋks] - denkt
116. this [ðɪs] - diese
117. too [ˈtuː] - auch
118. usually [ˈjuːʒuəli] - normalerweise
119. visit [ˈvɪzət] - besucht
120. wakes up [ˈweɪks ʌp] - wacht auf
121. want [ˈwɑːnt] - wollen
122. wants [ˈwɑːnts] - will
123. water [ˈwɔtər] - Wasser, das
124. we [wi] - wir
125. wheel [ˈwiːl] - Laufrad, das
126. you're [jər] - du bist, Sie sind
127. your [jər] - dein

B

The hamster saved itself

Robert's friend Ann is ill. Robert pays a visit to Ann every day. Sometimes Robert brings gifts for her. He usually brings her flowers, fruits or sweets. But today he wants to surprise her. Robert knows that Ann likes animals very much. Ann already has a cat named Tom. However Tom is usually outside. And Robert wants to give Ann an animal that will always be at home. Robert goes to a pet shop.
"Hello," Robert says to a salesman at the pet shop.
"Hello," the salesman answers. "How can I help you?"
"I'd like to buy an animal for my friend," Robert says. The salesman thinks.
"I can offer you an aquarium fish," the salesman says. Robert looks at the aquarium fish.
"No. A fish is too quiet, and Ann is cheerful and active," Robert answers. The salesman smiles.
"In this case, your friend will be glad to get this animal," the salesman says and shows a little hamster. Robert smiles.
"You're right," Robert says. "This is exactly what I need!"
Robert buys two hamsters. He also buys a cage. There is everything in the hamster house - a cup for drinking, a wheel for running, and even a little bed.
In the evening Robert comes Ann's.
"Hi Ann," Robert says. "How are you?"
"Hi Robert," Ann answers. "I am much better today."
"Ann, I really want to improve your mood," Robert says. "I hope you like this present."
Ann looks at Robert in surprise. Robert shows Ann the cage with the hamsters. Ann starts laughing. She hugs Robert.
"Thank you, Robert! I like hamsters very much. Sometimes it seems to me that we have something in common," Ann says. Robert laughs too. Robert goes home late at night.

Der Hamster rettete sich selbst

Roberts Freundin Ann ist krank. Robert besucht Ann jeden Tag. Manchmal bringt Robert ihr Geschenke. Normalerweise bringt er ihr Blumen, Früchte oder Süßigkeiten. Aber heute möchte er sie überraschen. Robert weiß, dass Ann Tiere sehr gerne hat. Ann hat bereits einen Kater, der Tom heißt. Tom ist jedoch normalerweise draußen. Und Robert möchte Ann ein Tier schenken, dass immer zu Hause ist. Robert geht in eine Tierhandlung.
„Hallo", sagt Robert zu einem Verkäufer in der Tierhandlung.
„Hallo", antwortet der Verkäufer. „Wie kann ich Ihnen helfen?"
„Ich würde gerne ein Tier für meine Freundin kaufen", sagt Robert. Der Verkäufer denkt nach.
„Ich kann Ihnen ein Aquarium mit Fischen anbieten", sagt der Verkäufer. Robert schaut das Aquarium mit den Fischen an.
„Nein. Ein Fisch ist zu leise, und Ann ist fröhlich und aktiv", antwortet Robert. Der Verkäufer lächelt.
„In diesem Fall wird sich Ihre Freundin über dieses Tier freuen", sagt der Verkäufer und zeigt einen kleinen Hamster. Robert lächelt.
„Sie haben recht", sagt Robert. „Das ist genau was ich brauche!"
Robert kauft zwei Hamster. Er kauft auch einen Käfig. Im Hamsterkäfig gibt es alles - eine Trinkschale, ein Rad zum Laufen, und sogar einen kleinen Schlafplatz.
Am Abend geht Robert zu Ann.
„Hallo Ann", sagt Robert. „Wie geht es dir?"
„Hallo Robert", antwortet Ann. „Heute geht es mir schon viel besser."
„Ann, ich möchte wirklich gerne deine Stimmung aufhellen", sagt Robert. „Ich hoffe, du magst dieses Geschenk."
Ann sieht Robert überrascht an. Robert zeigt Ann den Käfig mit den Hamstern. Ann beginnt zu lachen. Sie umarmt Robert.
„Danke, Robert!" Ich mag Hamster sehr. „Manchmal habe ich das Gefühl, dass wir etwas gemeinsam haben", sagt Ann. Robert lacht auch.

Ann goes to bed. The cat Tom comes into Ann's room.
"Tom, get acquainted. These are our new friends - hamsters named Willy and Dolly," Ann tells the cat. Tom sits down by the cage and stares at hamsters. Dolly is already sleeping, and Willy is running in the wheel.
"Tom, don't hurt our new friends. Good night to you all," Ann says. Ann goes to sleep.
In the morning Ann wakes up and sees that Tom is sitting by the cage. Dolly is cleaning herself, and Willy is still running in the wheel. Ann realizes that the cat was sitting by the cage and was watching Willy the whole night. And Willy was afraid to stop. Ann feels sorry for Willy. She chases Tom away from the cage. Willy gets off the wheel, comes to the water cup and drinks. Then the hamster immediately falls down and falls asleep. It sleeps the whole day. In the evening Robert comes and Ann tells him the story about the hamster. Robert and Ann laugh loudly and the hamster Willy wakes up and stares at them.

Spät am Abend geht Robert nach Hause. Ann geht zu Bett. Der Kater Tom kommt in Anns Zimmer.
„Tom, mach dich bekannt. Das sind unsere neuen Freunde - die Hamster Willy und Dolly", erzählt Ann dem Kater. Tom setzt sich neben den Käfig und starrt die Hamster an. Dolly schläft bereits und Willy rennt im Laufrad.
„Tom, tu unseren neuen Freunden nicht weh. Schlaft gut", sagt Ann. Ann geht schlafen.
Am nächsten Morgen wacht Ann auf und sieht, dass Tom neben dem Käfig sitzt. Dolly putzt sich und Willy rennt immer noch im Laufrad. Ann merkt, dass der Kater die ganze Nacht bei dem Käfig gesessen ist und Willy beobachtet hat. Und Willy hatte Angst aufzuhören zu rennen. Willy tut Ann leid. Sie verjagt Tom vom Käfig. Willy kommt aus dem Laufrad, geht zur Trinkschale und trinkt. Der Hamster fällt sofort danach um und schläft ein. Er schläft den ganzen Tag. Am Abend kommt Robert und Ann erzählt ihm die Geschichte vom Hamster. Robert und Ann lachen laut. Der Hamster Willy wacht auf und starrt sie an.

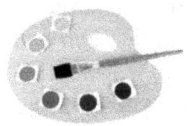

3

A rescuer
Ein Retter

A

Words
Vokabeln

1. after [ˈæftər] - nach
2. another [əˈnʌðr] - einem anderen
3. as [æz] - wie
4. asks [ˈæsks] - fragt
5. attacks [əˈtæks] - attackiert
6. back [ˈbæk] - zurück
7. bite [ˈbaɪt] - beißen
8. branch [ˈbræntʃ] - Ast, der
9. brave [ˈbreɪv] - tapfere
10. called [ˈkɔld] - heißt
11. calls [ˈkɔlz] - nennt
12. can't [ˈkænt] - kann nicht
13. care [ˈker] - kümmerst
14. cat's [ˈkæts] - seines Katers
15. cheetah [ˈtʃiːtə] - Gepard, der
16. climbs [ˈklaɪmz] - klettert
17. college [ˈkɑːlɪdʒ] - College, das
18. cries [ˈkraɪz] - schreit
19. dog [ˈdɔːg] - Hund, der
20. Excuse me [ɪkˈskjuːs miː] - Entschuldigen Sie
21. first [ˈfɚːst] - ersten
22. food [ˈfuːd] - Futter, das
23. forgets [fərˈgets] - vergisst
24. friend [ˈfrend] - Freund, der
25. furious [ˈfjʊriəs] - wütend
26. furiously [ˈfjʊriəsli] - wild
27. girl [ˈgɚːl] - Mädchen, das
28. going on [ˈgoʊɪŋ ɑːn] - passiert
29. growl [ˈgraʊl] - Knurren, das
30. growls [ˈgraʊlz] - knurrt
31. head [ˈhed] - Kopf, der
32. his [hɪz] - sein
33. hold [hoʊld] - halten

34. if ['ɪf] - wenn
35. jogging ['dʒɑːgɪŋ] - joggen
36. jumps ['dʒəmps] - springt
37. leash ['liːʃ] - Leine, die
38. loves ['ləvz] - liebt
39. meet ['miːt] - treffen
40. moment ['moʊmənt] - Moment, der
41. morning ['mɔːrnɪŋ] - Morgen, der
42. name ['neɪm] - Name, der
43. nearest ['nɪrəst] - nächsten
44. needs ['niːdz] - braucht
45. neighboring ['neɪbərɪŋ] - in der Nachbarschaft
46. owners ['oʊnərz] - Besitzer, die
47. park ['pɑːrk] - Park, der
48. pets ['pets] - Haustiere, die
49. problem ['prɑːbləm] - Problem, das
50. quickly ['kwɪkli] - schnell
51. quietly ['kwaɪətli] - leise
52. relative ['relətɪv] - Verwandte, der
53. rescuer ['reˌskjuːər] - Retter, der
54. runs ['rʌnz] - rennt
55. side ['saɪd] - Seite, die
56. some [sʌm] - einige
57. speed ['spiːd] - Geschwindigkeit, die
58. supermarket ['suːpərˌmɑːrkɪt] - Supermarkt, der
59. tasty ['teɪsti] - lecker
60. their ['ðer] - ihr, ihre
61. tilted ['tɪltəd] - geneigt
62. time ['taɪm] - Zeit, die
63. towards [təˈwɔːrdz] - zu
64. tree ['triː] - Baum, der
65. understand [ˌʌndərˈstænd] - versteht
66. walking ['wɔːkɪŋ] - gehend, spazierend
67. walk the dog [wɑːk ðiː dɑːg] - mit dem Hund Gassi gehen
68. watches ['wɑːtʃəz] - beobachtet
69. were [wɜːr] - wärst

B

A rescuer

Robert's friend David has a cat too. He loves his cat very much. His cat's name is Mars. David calls him "Buddy." David comes into the supermarket every day after college and buys some tasty food for the cat. One day Robert says to David: "You care about your cat as if he were a relative."
David smiles and tells his story. David goes jogging in the neighboring park every day in the morning. Pet owners are walking their pets in the park at this time. One time David sees a little girl running towards him with a big dog on a leash.
"Mister, Mister!" the girl cries. David thinks that the girl has a problem and she needs help. He goes quickly to meet the girl with the dog.
"What happened?" David asks. The girl and the dog run up to David.
"Excuse me, Mister, but my dog will bite you right now! I can't hold it back," the girl says. At first David doesn't understand what is

Ein Retter

Roberts Freund David hat auch einen Kater. Er liebt seinen Kater sehr. Der Name seines Kater ist Mars. David nennt ihn „Buddy". David geht jeden Tag nach dem College in den Supermarkt, um leckeres Futter für den Kater zu kaufen. An einem Tag sagt Robert zu David: „Du kümmerst dich um deinen Kater, als ob du mit ihm verwandt wärst."
David lächelt und erzählt ihm seine Geschichte. Jeden Morgen geht David im Park in der Nachbarschaft joggen. Zu dieser Zeit gehen die Haustierbesitzer mit ihren Haustieren im Park Gassi. Einmal sieht David ein kleines Mädchen auf ihn zurennen, das einen großen Hund an der Leine hat.
„Herr, Herr!", schreit das Mädchen. David glaubt, dass das Mädchen ein Problem hat und Hilfe braucht. Er geht schnell, um das Mädchen mit dem Hund zu treffen.
„Was ist passiert?" fragt David. Das Mädchen und der Hund rennen zu David.
„Entschuldigen Sie, Herr, aber mein Hund wird Sie gleich beißen! Ich kann ihn nicht aufhalten", sagt

going on. But when the dog attacks him and furiously growls, David runs to the nearest tree with the speed of a cheetah. At this moment a big cat jumps down from the tree and runs to the side. The dog forgets about David immediately and chases the cat with a growl. The cat quickly runs to another tree and climbs it. The dog jumps with a furious growl, but can't get the cat in the tree. Then the cat lies down quietly on a branch and, with his head tilted to the side, quietly watches the dog. This brave cat is now called Mars.

das Mädchen. Im ersten Moment versteht David nicht, was gerade passiert. Aber als der Hund ihn angreift und wild knurrt, rennt David mit der Geschwindigkeit eines Geparden zum nächsten Baum. In diesem Moment springt ein großer Kater aus dem Baum und rennt auf die Seite. Der Hund vergisst David sofort und jagt knurrend den Kater. Der Kater rennt schnell zu einem anderen Baum und klettert auf ihn. Der Hund springt mit einem wütenden Knurren, aber er kann den Kater im Baum nicht erwischen. Dann legt sich der Kater leise auf einen Ast und beobachtet, mit dem Kopf zur Seite geneigt, still den Hund. Der tapfere Kater heißt jetzt Mars.

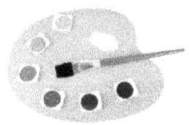

4

A nanny with a tail
Ein Kindermädchen mit Schweif

A

Words
Vokabeln

1. ajar [əˈdʒɑːr] - einen Spalt offen stehen
2. although [ˌɔlˈðoʊ] - obwohl
3. apartment [əˈpɑːrtmənt] - Wohnung, die
4. asking [ˈæskɪŋ] - bittet
5. believes [bəˈliːvz] - glaubt
6. besides [bəˈsaɪdz] - außerdem
7. birds [ˈbɝːdz] - Vögel, die
8. calm [ˈkɑːm] - ruhig
9. catches [ˈkætʃəz] - fängt
10. child [ˈtʃaɪld] - Kind, das
11. chores [ˈtʃɔːrz] - Hausarbeit, die
12. couch [ˈkaʊtʃ] - Sofa, das
13. do [duː] - machen
14. doing [ˈduːɪŋ] - macht
15. door [ˈdɔːr] - Tür, die
16. elevator [ˈeləˌvetər] - Aufzug, der
17. fatter [ˈfætər] - dicker
18. floor [ˈflɔːr] - Boden, der
19. getting [ˈgetɪŋ] - wird
20. helps [ˈhelps] - hilft
21. lately [ˈleɪtli] - in letzter Zeit
22. let [ˈlet] - lässt
23. lives [ˈlɪvz] - lebt
24. living [ˈlɪvɪŋ ruːm] - Wohnzimmer, das
25. lunch [ˈləntʃ] - Mittagessen, das
26. meows [miˈaʊz] - miaut
27. mice [ˈmaɪs] - Mäuse, die
28. never [ˈnevər] - nie

29. notices [ˈnoʊtɪsɪz] - bemerkt
30. obedient [oˈbiːdiənt] - gehorsam
31. petting [ˈpetɪŋ] - streichelt
32. plays [ˈpleɪz] - spielt
33. pleasure [ˈpleʒər] - Vergnügen, das
34. restless [ˈrestləs] - unruhig
35. returns [rəˈtɜːnz] - kommt zurück
36. small [ˈsmɔl] - kleines
37. somewhere [ˈsʌˌmwer] - irgendwo
38. son [ˈsən] - Sohn, der
39. stairs [ˈsterz] - Stiegen, die
40. tail [ˈteɪl] - Schweif, der
41. takes [ˈteɪks] - nimmt
42. tenth [ˈtenθ] - zehnten
43. understands [ˌʌndərˈstændz] - versteht
44. uses [ˈjuːsɪz] - benutzt
45. woman [ˈwʊmən] - Frau, die
46. young [ˈjʌŋ] - jung

B

A nanny with a tail

The cat Mars is very obedient and calm. Although lately it is always running off somewhere. David notices that Mars is getting fatter every day. David believes that the cat catches birds and mice. One day David returns home; he lives on the tenth floor, but never uses an elevator. He takes the stairs up and sees that a door to a neighboring apartment is ajar. David sees a young woman cleaning the floor in the living room. David knows her. Her name is Maria. A small child is sitting on the couch in the living room and petting the cat Mars. Mars meows with pleasure.
"Good day, Maria. Excuse me, what is my cat doing at your place?" David asks the woman.
"Good day, David. You see, my child is very restless. He doesn't let me do chores. My son is always asking me to play with him. Your cat helps me. It plays with my son," Maria answers. David laughs.
"Besides, he always gets a tasty lunch from me!" the woman says. David understands now why his cat is getting fatter and fatter every day.

Ein Kindermädchen mit Schweif

Der Kater Mars ist sehr gehorsam und ruhig, obwohl er in letzter Zeit immer irgendwo hinrennt. David bemerkt, dass Mars jeden Tag dicker wird. David glaubt, dass der Kater Vögel und Mäuse fängt. Eines Tages kommt David nach Hause; er lebt im zehnten Stock, aber benutzt nie den Aufzug. Er geht die Treppe hinauf und sieht, dass die Tür zur Nachbarwohnung einen Spalt offen steht. David sieht eine junge Frau, die den Boden des Wohnzimmers aufwäscht. David kennt sie. Ihr Name ist Maria. Ein kleines Kind sitzt gerade auf dem Sofa im Wohnzimmer und streichelt den Kater Mars. Mars miaut mit Vergnügen.
„Guten Abend, Maria. Entschuldigen Sie bitte, was macht mein Kater in Ihrer Wohnung?", fragt David die Frau.
„Guten Tag, David. Wissen Sie, mein Kind ist sehr unruhig. Es lässt mich nicht die Hausarbeit machen. Mein Sohn bittet mich immer, mit ihm zu spielen. Ihr Kater hilft mir. Er spielt mit meinem Sohn", antwortet Maria. David lacht.
„Außerdem bekommt er immer ein leckeres Mittagessen von mir!", sagt die Frau. David versteht jetzt, warum sein Kater jeden Tag dicker und dicker wird.

5

A talking cat
Ein sprechender Kater

A

Words
Vokabeln

1. anymore [ˌeniˈmɔːr] - nicht mehr
2. around [əˈraʊnd] - herum
3. attentively [əˈtentɪvli] - aufmerksam
4. begins [bɪˈɡɪnz] - beginnt
5. caution [ˈkɔːʃn] - Vorsicht, die
6. children [ˈtʃɪldrən] - Kinder, die
7. convinces [kənˈvɪnsəz] - überzeugt
8. corner [ˈkɔːrnər] - Ecke, die
9. crosses [ˈkrɔsəz] - bekreuzigt
10. decides [dəˈsaɪdz] - entscheidet
11. demanding [ˌdɪˈmændɪŋ] - fordernde
12. demands [ˌdɪˈmændz] - fordert
13. directly [dəˈrektli] - direkt
14. discontentedly [ˌdɪskənˈtentɪdli] - unzufrieden
15. distinctly [ˌdɪˈstɪŋktli] - deutlich
16. doll [ˈdɑːl] - Puppe, die
17. doll's [ˈdɑːlz] - Puppenbett, das
18. doubt [ˈdaʊt] - zweifeln
19. dream [ˈdriːm] - Traum, der
20. fall [ˈfɑːl əˈsliːp] - einschlafen
21. feed [ˈfiːd] - füttern
22. first [ˈfɜːst] - ersten
23. frightened [ˈfraɪtnd] - verängstigter
24. gets scared [[ˈgets ˈskerd] - bekommt Angst
25. gives [ˈɡɪvz] - gibt
26. glancing [ˈɡlænsɪŋ] - in den Augen behalten
27. go [ˈɡoʊ] - gehen

28. hear [ˈhɪr] - hören
29. heard [ˈhɜːd] - wird gehört
30. hears [ˈhɪrz] - hört
31. hire [ˈhaɪər] - einstellen
32. human [ˈhjuːmən] - menschlichen
33. jumps [ˈdʒəmps] - springt
34. keeps [ˈkiːps] - behält
35. kind [ˈkaɪnd] - nette
36. lies [ˈlaɪz] - liegt
37. looking [ˈlʊkɪŋ] - sieht
38. loves [ˈləvz] - liebt
39. mind [ˈmaɪnd] - Verstand, der
40. moreover [mɔːˈroʊvə] - zudem
41. nanny [ˈnæni] - Kindermädchen, das
42. nobody [ˈnoʊbədi] - niemand
43. old [oʊld] - alt
44. phrase [ˈfreɪz] - Satz, der
45. playing [ˈpleɪɪŋ] - gespielt
46. presses [ˈpresəz] - drückt
47. repeats [rəˈpiːts] - wiederholt
48. same [ˈseɪm] - gleichen
49. satisfied [ˈsætəsˌfaɪd] - zufriedene
50. someone [ˈsʌˌmwən] - jemandem
51. soon [ˈsuːn] - bald
52. speak [ˈspiːk] - sprechen
53. speaks [ˈspiːks] - spricht
54. stays [ˈsteɪz] - bleibt
55. suddenly [sʌdnli] - plötzlich
56. talking [ˈtɔːkɪŋ] - sprechend
57. that's [ðæts] - das ist, so
58. they [ˈðeɪ] - sie
59. till [ˈtɪl] - bis
60. tired [ˈtaɪərd] - müde
61. tone [ˈtoʊn] - Ton, der
62. true [ˈtruː] - wahr
63. turns [ˈtɜːnz] - dreht
64. voice [ˌvɔɪs] - Stimme, die
65. while [ˈwaɪl] - während
66. working [ˈwɜːkɪŋ] - arbeiten

B

A talking cat

One day Maria decides to hire a nanny for her child. The new nanny is a kind old woman. She loves children very much. On the first day of working at Maria's, the nanny stays at home with the child. Only Mars the cat is with them. After walking and playing, the nanny takes the child to bed. She is tired and decides to go to sleep also. But as soon as she begins to fall asleep, suddenly someone says loudly in the corner of the room: "Feed me!" The nanny jumps up in surprise. She looks around - there is nobody there. Only the cat Mars lies in the corner in a doll's bed. The cat Mars is looking at the nanny discontentedly. The nanny decides that it was a dream and she wants to go back to sleep. But then from the same corner she distinctly hears again: "I want to eat!" The nanny turns her head - the cat is looking attentively and discontentedly directly at her. The old woman gets scared. She looks at the cat for a while, when suddenly the

Ein sprechender Kater

Eines Tages entscheidet sich Maria ein Kindermädchen für ihr Kind einzustellen. Das neue Kindermädchen ist eine nette alte Frau. Sie hat Kinder sehr gerne. Am ersten Tag, an dem sie bei Maria arbeitet, bleibt das Kindermädchen bei dem Kind zu Hause. Nur der Kater Mars ist bei ihnen. Nachdem sie spazieren waren und gespielt haben, bringt das Kindermädchen das Kind ins Bett. Sie ist müde und beschließt auch schlafen zu gehen. Aber sobald sie beginnt einzuschlafen, sagt plötzlich jemand laut in einer Ecke des Zimmers: „Füttere mich!" Das Kindermädchen springt überrascht auf. Sie sieht sich um - aber es ist niemand da. Nur der Kater Mars liegt in der Ecke auf einem Puppenbett. Der Kater Mars sieht das Kindermädchen unzufrieden an. Das Kindermädchen beschließt, dass sie nur geträumt hat und will wieder schlafen gehen. Aber aus der gleichen Ecke hört sie wieder deutlich: „Ich möchte essen!" Das Kindermädchen dreht sich um - der Kater schaut aufmerksam und unzufrieden direkt in ihre Richtung. Die alte Frau bekommt Angst. Sie sieht den Kater eine Zeit lang

demanding voice is heard from him again: "Give me something to eat!" She crosses herself, just in case, and goes to the kitchen. She gives some food to the cat. She keeps glancing with caution at the cat Mars till the evening. But the satisfied cat sleeps and does not speak anymore.

Maria comes back home in the evening and the old woman tells her in a frightened tone that the cat speaks in a human voice and demands food. Maria is very surprised. She begins to doubt that the new nanny is in her right mind. But the nanny convinces her that it is true.

"That's how it was!" the nanny says. "Here in this corner, in the doll's bed, the cat sits and says to me 'give me something to eat'! Moreover it repeats it!" the nanny says.

And suddenly Maria understands what happened. She comes to the doll's bed and takes a small doll from it. Maria presses the doll and they hear the same phrase: "I want to eat!"

an, als plötzlich wieder die fordernde Stimme von ihm kommt: „Gib mir etwas zu essen!" Sie bekreuzigt sich, für alle Fälle, und geht in die Küche. Sie gibt dem Kater etwas zu fressen. Sie ist vorsichtig und behält den Kater Mars bis zum Abend in den Augen. Aber der zufriedene Kater schläft und spricht nicht mehr.

Maria kommt am Abend zurück nach Hause und die alte Frau erzählt ihr mit verängstigter Stimme, dass der Kater mit einer menschlichen Stimme spreche und Futter fordere. Maria ist sehr überrascht. Sie beginnt daran zu zweifeln, dass das neue Kindermädchen ganz bei Verstand ist. Aber das Kindermädchen überzeugt sie davon, dass die Geschichte wahr ist.

„So war es!", sagt das Kindermädchen. „Hier in dieser Ecke, im Puppenbett, saß der Kater und sagte zu mir 'Gib mir etwas zu essen'! Und noch dazu hat er es wiederholt!", sagt das Kindermädchen.

Und plötzlich versteht Maria, was passiert war. Sie geht zum Puppenbett und nimmt eine kleine Puppe heraus. Maria drückt die Puppe und sie hören den gleichen Satz: „Ich möchte essen!"

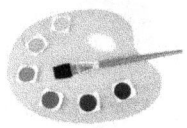

6

Sleepy guest
Schläfriger Gast

 A

Words
Vokabeln

1. answer [ˈænsər] - antworten
2. approaches [əˈproʊtʃɪz] - kommt auf ihn zu
3. aren't [ˈɑːrənt] - sind nicht
4. attached [əˈtætʃt] - befestigt
5. autumn [ˈɔtəm] - Herbst, der
6. be [bi] - sein
7. became [bɪˈkeɪm] - wurde
8. bunch [ˈbəntʃ] - Bund, der
9. collar [ˈkɑːlər] - Halsband, das
10. coming [ˈkʌmɪŋ] - kommt
11. continued [kənˈtɪnjuːd] - geht weiter
12. curious [ˈkjʊriəs] - neugierig
13. days [ˈdeɪz] - Tage, die
14. dog's [ˈdɔgz] - des Hundes
15. finally [ˈfaɪnəli] - schließlich
16. fine [ˈfaɪn] - hervorragend, großartig
17. following [ˈfɔloʊɪŋ] - folgendem
18. follows [ˈfɔloʊz] - folgt
19. gather [ˈgæðər] - sammeln
20. get a good night's sleep [get eɪ gʊd ˈnaɪts sliːp] - durchschlafen
21. guest [ˈgest] - Gast, der
22. homeless [ˈhoʊmləs] - streunender
23. it's [ɪts] - es ist
24. know [ˈnoʊ] - weiß
25. middle [ˈmɪdl] - Mitte, die
26. note [noʊt] - Notiz, die
27. several [ˈsevrəl] - einige
28. six [ˈsɪks] - sechs

29. sleepy [sˈliːpi] - schläfrig
30. slowly [ˈsloʊli] - langsam
31. studies [ˈstʌdiz] - Studien, die
32. take [ˈteɪk] - nehmen
33. three [ˈθriː] - drei
34. tomorrow [təˈmaːˌroʊ] - morgen
35. trying [ˈtraɪɪŋ] - versucht
36. university [ˌjuːnɪˈvɜːsəti] - Universität, die
37. walk [ˈwɑːk] - Spaziergang, der
38. weather [ˈweðər] - Wetter, das
39. well-fed [ˈwel] - gut gefüttert
40. where [ˈwer] - wo
41. who [ˈhuː] - wer
42. yard [ˈjɑːrd] - Hof, der
43. years [ˈjɪrz] - Jahre, die
44. yellow [ˈjeloʊ] - gelb
45. yet [ˈjet] - schon

B

Sleepy guest

As usual after his studies at the university, Robert goes outside to take a walk. The weather is good today. It's just the middle of autumn. Robert decides to gather a bunch of yellow leaves. Suddenly he sees an old dog coming into the yard. It looks very tired. It has a collar on and it is very well-fed. So Robert decides that it is not homeless and that they look after it well. The dog approaches Robert quietly. Robert pets it on the head. Robert should be going back home already. The dog follows him. It comes into the house; slowly comes into Robert's room. Then it lies down in the corner and falls asleep.

The next day the dog comes again. It approaches Robert in the yard. Then it goes into the house again and falls asleep in the same place. It sleeps for about three hours. Then it gets up and goes away somewhere. This continued for several days. Finally Robert became curious, and he attached a note to the dog's collar with the following: "I would like to know who is the owner of this fine dog, and if he knows that the dog comes to my place almost every day to sleep?"

The next day the dog comes again, and the following answer is attached to its collar: "It lives in a house where there are six children, and two of them aren't three years old yet. It is just trying to get a good night's sleep somewhere. Can I also come to you tomorrow?"

Schläfriger Gast

Wie gewöhnlich geht Robert draußen spazieren, nachdem er in der Universität war. Das Wetter ist heute schön. Es ist mitten im Herbst. Robert entscheidet sich einen Bund gelber Blätter zu sammeln. Plötzlich sieht er einen alten Hund, der in den Hof kommt. Er sieht sehr müde aus. Er trägt ein Halsband und ist gut gefüttert. Also dachte sich Robert, dass es kein streunender Hund sei und dass man sich gut um ihn kümmere. Der Hund kommt leise auf Robert zu. Robert streichelt ihn am Kopf. Robert sollte sich schon auf den Heimweg machen. Der Hund folgt ihm. Er geht in das Haus; er geht leise in Roberts Zimmer. Dann legt er sich in eine Ecke und schläft ein.

Am nächsten Tag kommt der Hund wieder. Er kommt Robert im Hof entgegen. Dann geht er wieder in das Haus und schläft am gleichen Platz ein. Er schläft ungefähr drei Stunden lang. Dann steht er auf und geht weg.

Das geht einige Tage so weiter. Schließlich wird Robert neugierig und befestigt eine Notiz mit folgendem Text am Hundehalsband: „Ich würde sehr gerne wissen, wer der Besitzer dieses hervorragenden Hundes ist, und, ob er weiß, dass der Hund beinahe jeden Tag zu mir kommt, um zu schlafen."

Am nächsten Tag kommt der Hund wieder und hat die folgende Antwort an seinem Halsband befestigt: „Er lebt in einem Haus, in dem es sechs Kinder gibt, und zwei davon sind noch keine drei Jahre alt. Er versucht nur irgendwo durchzuschlafen. Kann ich morgen auch zu Ihnen kommen?"

7

The dog isn't guilty
Der Hund ist nicht schuld

Words
Vokabeln

1. a year ago [eɪ jɪr əˈgoʊ] - vor einem Jahr
2. anyway [ˈeniˌweɪ] - trotzdem
3. approach [əˈproʊtʃ] - kommen näher
4. architect [ˈɑːrkɪˌtekt] - Architekt, der
5. barked [ˈbɑːrkt] - bellte
6. barks [ˈbɑːrks] - bellt
7. baskets [ˈbæskəts] - Körbe, die
8. been [ˈbɪn] - gewesen
9. building [ˈbɪldɪŋ] - Bau, der
10. building firm [ˈbɪldɪŋ ˈfɝːm] - Baufirma, die
11. café [ˈkæfeɪ] - Café, das
12. car [ˈkɑːr] - Auto, das
13. cheerfully [ˈtʃɪrfəli] - fröhlich
14. drives [ˈdraɪvz] - fährt
15. eight [ˈeɪt] - acht
16. everybody [ˈevriˌbɑːdi] - alle
17. excitedly [ɪkˈsaɪtədli] - aufgeregt
18. family [ˈfæməli] - Familie, die
19. firm [ˈfɝːm] - Firma, die
20. forest [ˈfɔːrəst] - Wald, der
21. found [ˈfaʊnd] - gefunden
22. got [ˈgɑːt] - bekommen
23. guilty [ˈgɪlti] - schuldig
24. hanging [ˈhæŋɪŋ] - hängt
25. hours [ˈaʊərz] - Stunden, die
26. husband [ˈhʌzbənd] - Ehemann, der
27. library [ˈlaɪˌbreri] - Bibliothek, die
28. lock [ˈlɑːk] - sperren
29. married [ˈmerid] - verheiratet
30. medium-sized [ˈmiːdiəm] - mittlere
31. members [ˈmembərz] - Mitglieder, die

32. misses [ˈmɪsəz] - vermisst
33. missing [ˈmɪsɪŋ] - fehlen
34. mom [ˈmɑːm] - Mutter, die
35. mother [ˈmʌðr] - Mutter, die
36. mushroom [ˈmʌʃruːm] - Pilz, der
37. music [ˈmjuːzɪk] - Musik, die
38. pick [ˈpɪk] - sammeln
39. school [ˈskuːl] - Schule, die
40. secretary [ˈsekrəteri] - Sekretär/in, der/die
41. shining [ˈʃaɪnɪŋ] - scheint
42. sing [ˈsɪŋ] - singen
43. singing [ˈsɪŋɪŋ] - singend
44. sister [ˈsɪstər] - Schwester, die
45. stay [ˈsteɪ] - bleiben
46. stolen [ˈstoʊlən] - gestohlen
47. sun [ˈsən] - Sonne, die
48. Sunday [ˈsʌnˌdi] - Sonntag, der
49. through [θruː] - durch
50. us [əz] - uns
51. watch [ˈwɑːtʃ] - aufpassen
52. window [ˈwɪndoʊ] - Fenster, das
53. with [wɪθ] - mit
54. works [ˈwɜːks] - arbeitet
55. year [ˈjɪr] - Jahr, das
56. younger [ˈjʌŋgər] - jünger

B

The dog isn't guilty

David goes to the library after college. He meets his friends in a café in the evenings. David's younger sister Nancy is already eight years old. She studies at school. David's mom, Linda, works as a secretary. Her husband Christian works as an architect at a building firm. Christian and Linda got married a year ago. David has a cat named Mars and a dog, Baron.
It is Sunday today. David, Nancy, Linda, Christian and Baron go to the forest to pick mushrooms. David drives. Music plays in the car. The father and the mother sing. Baron barks cheerfully.
Then the car stops. Baron jumps out of the car and runs to the forest. It jumps and plays.
"Baron, you should stay here," David says.
"You should watch the car. And we will go to the forest."
Baron looks sadly at David, but goes to the car anyway. They lock him in the car. The mother, the father, David and Nancy take baskets and go to pick mushrooms. Baron looks out through the car window.
"It is good that we have Baron. He watches the car and we don't need to worry," the father says.
"Baron is a brave dog," David says.
"The weather is good today," the mother says.

Der Hund ist nicht schuld

David geht nach dem College in die Bibliothek. Abends trifft er seine Freunde in einem Café. Davids jüngere Schwester Nancy ist schon acht Jahre alt. Sie geht in die Schule. Davids Mutter, Linda, arbeitet als Sekretärin. Ihr Ehemann Christian arbeitet als Architekt für eine Baufirma. Christian und Linda haben vor einem Jahr geheiratet. David hat einen Kater, der Mars heißt, und einen Hund, der Baron heißt.
Heute ist Sonntag. David, Nancy, Linda, Christian und Baron gehen in den Wald um Pilze zu sammeln. David fährt. Im Auto spielt Musik. Der Vater und die Mutter singen. Baron bellt fröhlich. Dann bleibt das Auto stehen. Baron springt aus dem Auto und rennt in den Wald. Er springt und spielt.
„Baron, du solltest hier bleiben", sagt David. „Du sollst auf das Auto aufpassen. Und wir werden in den Wald gehen."
Baron sieht David traurig an, aber geht trotzdem zum Auto. Sie sperren ihn ins Auto. Die Mutter, der Vater, David und Nancy nehmen Körbe und gehen Pilze sammeln. Baron schaut durch das Autofenster hinaus.
„Es ist gut, dass wir Baron haben. Er passt auf das Auto auf und wir müssen uns keine Sorgen machen", sagt der Vater.
„Baron ist ein mutiger Hund", sagt David.
„Das Wetter ist heute gut", sagt die Mutter.

"I have found the first mushroom!" Nancy cries. Everybody starts to gather mushrooms excitedly. All members of the family are in a good mood. The birds are singing, the sun is shining. David gathers only big mushrooms. Mother gathers small and medium-sized ones. The father and Nancy gather big, small and medium-sized mushrooms. They pick mushrooms for two hours.

"We have to go back to the car. Baron misses us," the father says. Everybody goes to the car. They approach the car.

"What is this?" Nancy cries. The car is missing its wheels! The wheels have been stolen! The dog is sitting in the cabin and looking at his family with a frightened look. A note is hanging on the window: "The dog isn't guilty. It barked!"

„Ich habe den ersten Pilz gefunden!" schreit Nancy. Jeder beginnt aufgeregt Pilze zu sammeln. Alle Familienmitglieder sind in einer guten Stimmung. Die Vögel singen, die Sonne scheint. David sammelt nur große Pilze. Die Mutter sammelt kleine und mittlere. Der Vater und Nancy sammeln große, mittlere und kleine Pilze. Sie sammeln zwei Stunden lang Pilze.

„Wir müssen zum Auto zurückgehen. Baron vermisst uns", sagt der Vater. Alle gehen zum Auto. Sie kommen näher zum Auto.

„Was ist das?" schreit Nancy. Dem Auto fehlen die Räder! Die Räder wurden gestohlen! Der Hund sitzt im Auto und sieht die Familie mit einem verängstigten Blick an. Eine Notiz hängt am Fenster: „Ihr Hund ist nicht schuld. Er hat gebellt!"

8

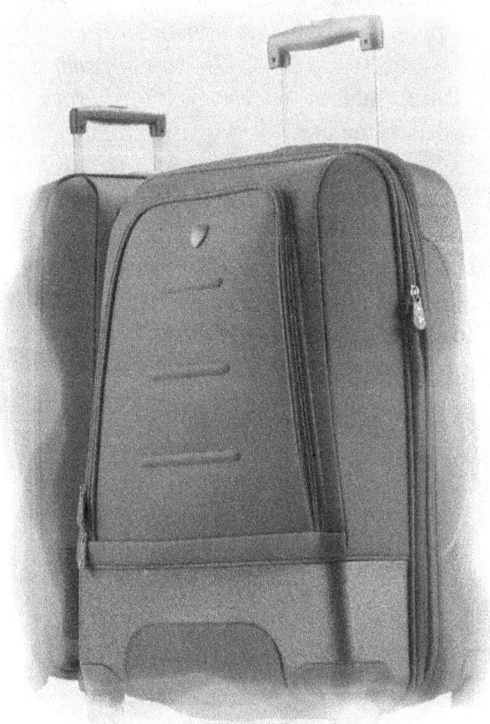

The suitcases
Die Koffer

A

Words
Vokabeln

1. alone [əˈloʊn] - alleine
2. arrive [əˈraɪv] - kommen an
3. bag [ˈbæg] - Tasche, die
4. books [ˈbʊks] - Bücher, die
5. call [ˈkɔl] - rufen
6. carries [ˈkæriz] - trägt
7. carry [ˈkæri] - tragen
8. city [ˈsɪti] - Stadt, die
9. compartment [kəmˈpɑːrtmənt] - Abteil, das
10. dinner [ˈdɪnər] - Abendessen, das
11. early [ˈɜːli] - früh
12. explains [ɪkˈspleɪnz] - erklärt
13. far [ˈfɑːr] - weit
14. fishing [ˈfɪʃɪŋ] - fischen
15. garden [ˈgɑːrdn] - Garten, der
16. had [hæd] - hatte
17. how [ˈhaʊ] - wie
18. introduces [ˌɪntrəˈduːsəz] - stellt vor
19. life [ˈlaɪf] - Leben, das
20. luggage [ˈlʌgədʒ] - Gepäck, das
21. month [ˈmʌnθ] - Monat, der
22. next to [ˈnekst tuː] - neben
23. OK [ˌoʊˈkeɪ] - in Ordnung

24. platform [ˈplætˌfɔːrm] - Bussteig, der
25. preparing [priˈperɪŋ] - macht sich auf
26. reads [riːdz] - liest
27. rest [ˈrest] - Pause, die
28. river [ˈrɪvər] - Fluss, der
29. sad [ˈsæd] - traurig
30. sell [ˈsel] - verkaufen
31. seventy [ˈsevənti] - siebzig
32. shall [ʃæl] - sollen
33. situation [ˌsɪtʃuːˈeɪʃn] - Situation, die
34. station [ˈsteɪʃn] - Busbahnhof, der
35. stories [ˈstɔːriz] - Geschichten, die
36. suitcases [ˈsuːtˌkesəz] - Koffer, die
37. summer [ˈsʌmər] - Sommer, der
38. sure [ˈʃʊr] - sicher
39. taxi [ˈtæksi] - Taxi, das
40. tea [ˈtiː] - Tee, der
41. thought [ˈθɔːt] - dachte
42. together [təˈgeðər] - zusammen
43. took [ˈtʊk] - nahm
44. uncle [ˈʌŋkl] - Onkel, der
45. vegetables [ˈvedʒtəblz] - Gemüse, das

B

The suitcases

Die Koffer

Every summer, David goes to visit his uncle Philippe. Uncle Philippe lives alone. He is seventy years old. David and uncle Philippe usually go fishing in the river early in the morning. Then David helps the uncle gather fruit and vegetables in the garden. After lunch David has a rest and reads books. David and uncle Philippe take fruit to sell in the evenings. Then they have dinner and talk together. Uncle Philippe tells David stories about his life. David usually stays at uncle Philippe's for a month and then goes back home.

David is coming home from uncle Philippe's by bus this summer. He is sitting next to a girl on the bus. David gets acquainted with the girl. Her name is Ann. Ann lives in the same city as David does. But Ann lives far away from his house. They arrive in the city. David helps Ann to get her bags from the luggage compartment. Ann gets two suitcases. David helps her and takes the suitcases.
"Ann, I'll walk you home," David says.
"OK. But you live far from me," Ann answers.
"Never mind, I'll take a taxi," David answers. David and Ann walk through the evening city and talk. They come to Ann's house. David carries the bags into the house. Ann introduces David to her mom.

Jeden Sommer besucht David seinen Onkel Philippe. Onkel Philippe lebt allein. Er ist siebzig Jahre alt. David und Onkel Philippe gehen normalerweise früh am Morgen am Fluss fischen. Dann hilft David Onkel Philippe Obst und Gemüse im Garten zu sammeln. Nach dem Mittagessen macht David eine Pause und liest Bücher. David und Onkel Philippe gehen am Abend das Obst verkaufen. Dann essen sie zu Abend und reden. Onkel Philippe erzählt David Geschichten aus seinem Leben. Normalerweise bleibt David ein Monat bei Onkel Philippe und fährt danach wieder nach Hause.

David fährt diesen Sommer von Onkel Philippe mit dem Bus nach Hause. Im Bus sitzt er neben einem Mädchen. David lernt das Mädchen kennen. Ihr Name ist Ann. Ann lebt in der gleichen Stadt wie David. Aber Ann lebt weit entfernt von seinem Haus. Sie kommen in der Stadt an. David hilft Ann ihr Gepäck aus dem Gepäckraum zu holen. Man gibt Ann zwei Koffer. David hilft ihr und nimmt die Koffer.

„Ann, ich werde dich nach Hause begleiten", sagt David.
„Ok. Aber du lebst weit entfernt von mir", antwortet Ann.
„Egal, dann nehme ich ein Taxi", antwortet David. Es ist schon abends und David und Ann gehen durch die Stadt und reden. Sie kommen zu Anns Haus. David trägt das Gepäck ins Haus. Ann stellt David

"Mom, this is David. David helped me to carry the bags," Ann says.
"Good evening," David says.
"Good evening," Ann's mom answers.
"Would you like some tea?"
"No, thanks. I have to go," David says. He is preparing to leave.
"David, do not forget your suitcases," Ann's mom says. David looks at Ann and her mom in surprise.
"How's that? Aren't these your suitcases?" David asks Ann.
"I thought these were your suitcases," Ann answers. When Ann was getting her bag from the luggage compartment, she took the two suitcases out. David thought that these were Ann's suitcases. And Ann thought they were David's.
"What shall we do?" David says.
"We should go to the station," Ann answers.
"And take back the suitcases."
Ann and David call a taxi and arrive to the station. There they see two sad girls on the platform. David and Ann come up to the girls.
"Excuse me, are these your suitcases?" David asks and explains all the situation to them. The girls laugh. They were sure that their suitcases had been stolen.

ihrer Mutter vor.
„Mama, das ist David. David hat mir geholfen, das Gepäck zu tragen", sagt Ann.
„Guten Abend", sagt David.
„Guten Abend", antwortet Anns Mutter. „Möchtest du etwas Tee?"
„Nein, danke. Ich muss gehen", sagt David. Er macht sich auf um zu gehen.
„David, vergiss deine Koffer nicht", sagt Anns Mutter. David sieht Ann und deren Mutter überrascht an.
„Wie ist das möglich? Sind das nicht deine Koffer?", fragt David Ann.
Ich dachte, das wären deine Koffer", antwortet Ann. Als Ann ihr Gepäck aus dem Gepäckraum bekam, nahm sie die zwei Koffer. David dachte, dass es Anns Koffer wären. Und Ann dachte, dass es Davids Koffer wären.
„Was machen wir denn jetzt?", sagt David.
„Wir sollten zum Busbahnhof gehen", antwortet Ann, „und die Koffer zurückbringen."
Ann und David rufen ein Taxi und fahren zum Busbahnhof. Dort sehen sie zwei traurige Mädchen am Bussteig. David und Ann gehen zu den Mädchen.

„Entschuldigung, sind das eure Koffer?", fragt David und erklärt ihnen die ganze Situation. Die Mädchen lachen. Sie waren sich sicher, dass jemand ihre Koffer gestohlen hatte.

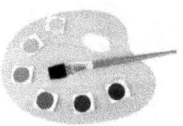

9

Professor Leonidas
Professor Leonidas

 A

Words
Vokabeln

1. assignment [əˈsaɪnmənt] - Aufgabe, die
2. attend [əˈtend] - besuchen
3. black [ˈblæk] - schwarz
4. ceiling [ˈsiːlɪŋ] - Decke, die
5. chair [ˈtʃer] - Stuhl, der
6. colleagues [ˈkɑːliɡz] - Kollegen, die
7. collects [kəˈlekts] - sammelt
8. daring [ˈderɪŋ] - gewagten
9. department [dəˈpɑːrtmənt] - Institut, das
10. desk [ˈdesk] - Tisch, der
11. difficult [ˈdɪfəkəlt] - schwierig
12. dish [ˈdɪʃ] - Gericht, das
13. emotionally [ɪˈmoʊʃənəli] - emotional
14. enters [ˈentərz] - betreten
15. eyes [ˈaɪz] - Augen, die
16. famous [ˈfeɪməs] - berühmt
17. feel [ˈfiːl] - fühlen
18. fell in love [ˈfel ɪn lʌv] - verliebte sich
19. few [ˈfjuː] - einige
20. finger [ˈfɪŋɡər] - Finger, der
21. frown [ˈfraʊn] - Stirnrunzeln, das
22. god [ˈɡɑːd] - Gott, der
23. great [ˈɡreɪt] - großer
24. Greece [ˈɡriːs] - Griechenland, das

25. guess ['ges] - Versuch, der
26. hair ['her] - Haar, das
27. hint ['hɪnt] - Hinweis, der
28. history [hɪstri] - Geschichte, die
29. journalism ['dʒɚːnəˌlɪzəm] - Journalismus, der
30. king ['kɪŋ] - König, der
31. learned ['lɚːnd] - gelernt
32. lectures ['lektʃərz] - Vorlesungen, die
33. long ['lɔŋ] - lange
34. loudest ['laʊdəst] - am lautesten
35. magnificent [mægˈnɪfəsənt] - großartige
36. main ['meɪn] - Haupt-
37. marks ['mɑːrks] - Noten, die
38. mean ['miːn] - meinst
39. most famous [moʊst ˈɪntrəstɪŋ] - berühmteste
40. national ['næʃənəl] - national
41. nickname ['nɪkˌnem] - Spitzname, der
42. perfectly ['pɚːfəktli] - perfekt
43. points [ˌpɔɪnts] - zeigt
44. prepare [priˈper] - zubereite
45. probably ['prɑːbəbli] - wahrscheinlich
46. professor [prəˈfesər] - Professor, der
47. questions ['kwestʃənz] - Fragen, die
48. quiz ['kwɪz] - abprüfen
49. rarely ['rerli] - selten
50. secretly ['siːkrətli] - heimlich
51. silent ['saɪlənt] - still
52. Sparta ['spɑːrtə] - Sparta
53. student ['stuːdənt] - Student/Studentin, der/die
54. subject [səbˈdʒekt] - Unterrichtsfach, das
55. teaches ['tiːtʃəz] - unterrichtet
56. test ['test] - Test, der
57. though ['ðoʊ] - jedoch
58. thoughts ['θɔːts] - Gedanken, die
59. waiting ['weɪtɪŋ] - wartet
60. wasn't ['wɑːzənt] - war nicht
61. Zeus ['zuːs] - Zeus

B

Professor Leonidas

David studies at the journalism department at college. Professor Leonidas teaches at the journalism department. He is Greek and teaches history. Professor Leonidas has the nickname Zeus because he lectures very emotionally and has magnificent long hair and big black eyes.
Today David has a test in history. He likes the subject. He reads a lot and always gets good marks.
David enters the room and takes a test assignment. He sits down at the desk and does the assignment. The questions aren't difficult. Lena sits next to David. Lena rarely attends professor Leonidas's lectures. Lena doesn't like history. She is waiting for her turn. Then Lena goes to professor Leonidas's desk and sits down on a chair.
"These are my answers to the questions," Lena says to the professor and gives him the test assignment.
"Well," the professor looks at Lena. He

Professor Leonidas

David studiert im College, er ist am Institut für Journalismus. Professor Leonidas unterrichtet am Institut für Journalismus. Er ist Grieche und unterrichtet Geschichte. Professor Leonidas hat den Spitznamen Zeus, weil er beim Unterrichten sehr emotional wird, großartige lange Haare und große schwarze Augen hat.
Heute hat David einen Geschichtstest. Er mag das Unterrichtsfach. Er liest viel und bekommt immer gute Noten.
David betritt das Zimmer und nimmt die Testaufgaben. Er setzt sich an den Tisch und macht die Aufgaben. Die Fragen sind nicht schwer. Lena sitzt neben David. Lena kommt nur selten zu den Vorlesungen von Professor Leonidas. Lena mag Geschichte nicht. Sie wartet darauf, dass sie an der Reihe ist. Dann geht Lena zu Professor Leonidas Tisch und setzt sich auf einen Stuhl.
„Das sind meine Antworten auf die Fragen", sagt Lena zum Professor und gibt ihm die Testaufgaben.
„Gut", der Professor sieht Lena an. Er kann sich gut daran erinnern, dass Lena seine Vorlesungen nicht

remembers perfectly that Lena doesn't attend his lectures. "Lena is probably a good student and studies well," professor Leonidas thinks. But he still wants to quiz the girl. "Lena, who is the main Greek god?" the professor asks. Lena is silent. She doesn't know. Professor Leonidas is waiting. Julia sits at the front desk. Julia wants to give her a hint. Lena looks at Julia. And Julia secretly points a finger at professor Leonidas. "Leonidas is the main Greek god," Lena says. The students laugh out. Professor Leonidas looks at her with a frown. Then he looks at the ceiling and collects his thoughts. "If you mean Leonidas, the king of Sparta, he wasn't a god. Though he also was a great Greek. If you mean me, then I feel like a god only in my kitchen when I prepare a national Greek dish," professor Leonidas looks at Lena attentively. "But anyway thank you for the daring guess."

Professor Leonidas tells his colleagues a few days later, that he is the main Greek god. The professor laughs loudest of all. And Lena learned the names of all the most famous Greeks and fell in love with the history of Greece.

besucht. „Lena ist wahrscheinlich auch eine gute Studentin und lernt gut", denkt Professor Leonidas. Aber er möchte das Mädchen trotzdem abprüfen. „Lena, wer ist der wichtigste griechische Gott?", fragt der Professor. Lena ist still. Sie weiß es nicht. Professor Leonidas wartet. Julia sitzt am Tisch in der ersten Reihe. Sie möchte ihr einen Hinweis geben. Lena sieht Julia an. Und Julia zeigt heimlich mit dem Finger auf Professor Leonidas.
„Leonidas ist der wichtigste griechische Gott", sagt Lena. Die Studenten lachen. Professor Leonidas sieht sie mit einem Stirnrunzeln an. Dann schaut er auf die Decke und sammelt seine Gedanken.
„Vielleicht meinst du Leonidas, den König von Sparta, aber das war kein Gott. Obwohl er auch ein großer Grieche war. Vielleicht meinst du mich, aber ich fühle mich nur wie ein Gott, wenn ich in meiner Küche stehe und ein griechisches Nationalgericht zubereite", sagt Professor Leonidas und sieht Lena aufmerksam an. „Danke trotzdem für den gewagten Versuch."

Professor Leonidas erzählt seinen Kollegen einige Tage später, dass er der wichtigste griechische Gott ist. Der Professor lacht am lautesten von allen. Und Lena hat die Namen aller berühmtesten Griechen gelernt und hat sich dabei in die Geschichte Griechenlands verliebt.

10

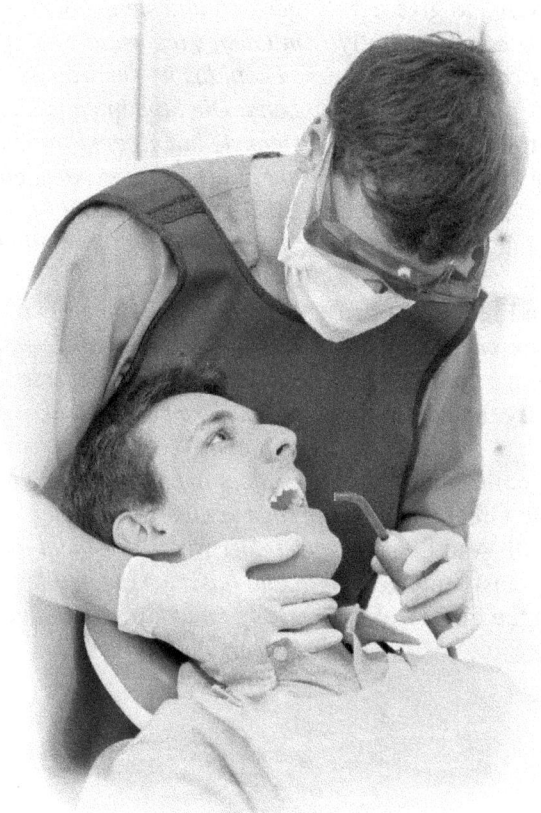

At the dentist
Beim Zahnarzt

A

Words
Vokabeln

1. agrees [əˈgriːz] - ist einverstanden
2. anything [ˈeniˌθɪŋ] - irgendetwas
3. apply [əˈplaɪ] - bewerben
4. badly [ˈbædli] - schlecht
5. because [bɪˈkɔz] - weil
6. before [bɪˈfɔːr] - bevor
7. builder's [ˈbɪldərz] - des Bauarbeiters
8. builders [ˈbɪldərz] - Bauarbeiter, die
9. chief [ˈtʃiːf] - Chef, der
10. classes [ˈklæsəz] - Unterricht, der
11. client [ˈklaɪənt] - Kunde, der
12. close [kloʊz] - schließt
13. company [ˈkʌmpəni] - Firma, die
14. construction company [kənˈstrəkʃn ˈkʌmpəni] - Baufirma, die
15. contentedly [kənˈtentədli] - zufrieden
16. correctly [kəˈrektli] - richtig
17. defect [ˈdiːfekt] - Defekt, der

18. dental surgery [ˈdentl ˈsɚːdʒəri] - Zahnklinik, die
19. dentist [ˈdentəst] - Zahnarzt, der
20. doctor [ˈdɑːktər] - Arzt, der
21. earlier [ˈɜːliər] - früher
22. eliminate [əˈlɪməˌnet] - beheben
23. fix [ˈfɪks] - reparieren
24. hands [ˈhændz] - Hände, die
25. hits [ˈhɪts] - klopft
26. hospital [ˈhɑːˌspɪtl] - Spital, das
27. install [ˌɪnˈstɔl] - installiert
28. jaw [ˈdʒɔ] - Kiefer, der
29. job [ˈdʒɑːb] - Job, der
30. loss [ˈlɔs] - Verlust, der
31. met [ˈmet] - getroffen
32. mouth [ˈmaʊθ] - Mund, der
33. open [ˈoʊpən] - öffnen
34. please [ˈpliːz] - bitte
35. recalls [ˈriːˌkɔlz] - erinnert
36. sits [ˈsɪts] - setzt sich
37. slightly [sˈlaɪtli] - ein wenig
38. surgery [ˈsɚːdʒəri] - Arztpraxis, die
39. term [ˈtɚːm] - nennen
40. term [ˈtɚːm] - Ausdruck, der
41. than [ðæn] - als
42. tooth [ˈtuːθ] - Zahn, der
43. toothache [ˈtuːθeɪk] - Zahnschmerzen, die
44. treats [ˈtriːts] - behandelt
45. washes [ˈwɑːʃəz] - wäscht
46. widely [ˈwaɪdli] - weit
47. writes [ˈraɪts] - schreibt
48. you're welcome [jər ˈwelkəm] - gern geschehen

B

At the dentist

Beim Zahnarzt

David has a friend named Victor. David and Victor have been friends for a long time. Victor works at a construction company. He installs doors in new apartments. Victor doesn't like his job. He wants to study at college, too. Victor leaves work earlier because he attends evening school. He prepares to apply to college. But Victor asks his chief today to let him go not to the classes, but to the hospital. Victor has a toothache. He has had a toothache for two days. He arrives at the hospital and comes into the dental surgery.
"Hello, doctor!" Victor says.
"Hello!" the doctor answers.
"Doctor, it seems to me that we have met somewhere before," Victor says.
"Maybe," the doctor answers. Victor sits down in a chair and widely opens his mouth. The doctor treats Victor's tooth. Everything goes well. The doctor washes his hands and says: "Your tooth is healthy now. You can go."
But Victor can't say anything because his mouth doesn't close. Victor points to the

David hat einen Freund, der Victor heißt. David und Victor sind seit einer langen Zeit befreundet. Victor arbeitet bei einer Baufirma. Er installiert Türen in neuen Wohnungen. Victor mag seinen Job nicht. Er möchte auch am College studieren. Victor geht früh von der Arbeit, weil er eine Abendschule besucht. Er bereitet sich darauf vor, sich an einem College zu bewerben. Aber Victor bittet seinen Chef heute nicht, ihn zum Unterricht gehen zu lassen, sondern ins Spital. Victor hat Zahnschmerzen. Er hat seit zwei Tagen Zahnschmerzen. Er geht in das Spital, in die Zahnklinik.

„Hallo, Herr Doktor!" sagt Victor.
„Hallo!", antwortet der Arzt.
„Herr Doktor, ich glaube, dass wir uns schon irgendwo einmal getroffen haben", sagt Victor.
„Vielleicht", antwortet der Arzt. Victor setzt sich in einen Stuhl und öffnet seinen Mund weit. Der Arzt behandelt Victors Zahn. Alles geht gut. Der Arzt wäscht seine Hände und sagt: „Ihr Zahn ist jetzt gesund. Sie können gehen."

Aber Victor kann nichts antworten, weil er seinen Mund nicht schließen kann. Victor zeigt auf den

mouth.

"I see," the doctor says. "Don't get upset! In builder's terms, this is called a defect. I can fix this defect tomorrow," the doctor answers.

At this moment Victor recalls that the doctor is a client of their company. Victor badly installed a door at the doctor's. The doctor's door doesn't close. Victor writes a note to the doctor: "I'll come to your place right now and install the door correctly."

The doctor agrees. Victor and the doctor take a taxi. Victor sits in the taxi with the open mouth and looks sadly through the car window. They come to the doctor's house. Victor fixes the defect with the open mouth. The doctor doesn't thank Victor. He hits Victor slightly on the jaw and the mouth closes. Victor is happy.

"Thank you, doctor!" he says to the doctor. "You eliminate defects better than builders. You do it without a loss of time," Victor says.

"You're welcome," the doctor says contentedly, "come when you need help, please."

Mund.

„Ich verstehe", sagt der Arzt. „Mach dir nichts daraus! Auch ein Bauarbeiter würde das einen Defekt nennen. Ich kann den Defekt morgen reparieren", antwortet er Arzt.

In diesem Moment erinnert sich Victor daran, dass der Arzt ein Kunde seiner Firma ist. Victor hat die Tür im Haus des Arztes schlecht installiert. Die Tür des Arztes lässt sich nicht schließen. Victor schreibt dem Arzt eine Notiz: „Ich werde sofort zu Ihnen fahren und die Tür richtig installieren."

Der Arzt ist einverstanden. Victor und der Arzt nehmen ein Taxi. Victor sitzt mit offenem Mund im Taxi und schaut traurig durch das Autofenster. Sie kommen zum Haus des Arztes. Victor behebt den Fehler mit offenem Mund. Der Arzt bedankt sich nicht bei Victor. Er klopft Victor ein wenig auf den Kiefer und der Mund schließt sich. Victor ist glücklich.

„Danke, Herr Doktor!", sagt er zum Arzt. „Sie beheben Fehler besser als Bauarbeiter. Sie machen es, ohne Zeit zu verlieren", sagt Victor.

„Gern geschehen", sagt der Arzt zufrieden, „du kannst gerne wiederkommen, wenn du Hilfe brauchst."

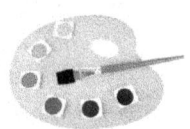

11

Justice triumphs!
Gerechtigkeit siegt!

Words
Vokabeln

1. admit [ədˈmɪt] - gebe zu
2. adventures [ædˈventʃərz] - Abenteuer, die
3. amazement [əˈmeɪzmənt] - Erstaunen, das
4. any [ˈeni] - irgendein, etwas
5. anybody [ˈenibədi] - irgendjemand
6. appears [əˈpɪrz] - wird sichtbar
7. author [ˈɔθər] - Autor, der
8. carefully [ˈkerfəli] - genau, sorgfältig
9. change [ˈtʃeɪndʒ] - ändern
10. cheat [ˈtʃiːt] - mogeln
11. check [ˈtʃek] - überprüfen
12. classroom [ˈklæsˌruːm] - Klassenzimmer, das
13. competent [ˈkɑːmpətənt] - kompetent
14. composition [ˌkɑːmpəˈzɪʃn] - Aufsatz, der
15. concept [ˈkɑːnsept] - Konzept, das
16. continues [kənˈtɪnjuːz] - spricht weiter
17. copied [ˈkɑːpid] - kopiert
18. copying [ˈkɑːpiɪŋ] - kopieren
19. dear [ˈdɪr] - Lieber
20. decided [dəˈsaɪdəd] - beschloßen
21. deserved [dəˈzɜːvd] - verdient
22. did [ˈdɪd] - tat
23. dorms [ˈdɔːrmz] - Studentenwohnheim, das
24. easily [ˈiːzəli] - einfach
25. easy [ˈiːzi] - verständlich, leicht
26. English [ˈɪŋˌglɪʃ] - englisch

27. enough [əˈnəf] - genug
28. especially [əˈspeʃli] - besonders
29. essays [eˈseɪz] - Essays, die
30. excellent [ˈeksələnt] - großartiges
31. experience [ɪkˈspɪriəns] - Erfahrung, die
32. fear [ˈfɪr] - Angst, die
33. finishes [ˈfɪnɪʃəz] - sagt abschließend
34. flatter [ˈflætər] - schmeicheln
35. given [ˈɡɪvn] - gegeben
36. guy [ˈɡaɪ] - Junge, der
37. hesitantly [ˈhezətəntli] - zögerlich
38. highest [ˈhaɪəst] - höchste
39. holds [hoʊldz] - hält
40. homework [ˈhoʊmwɜːk] - Hausaufgabe, die
41. honestly [ˈɑːnəstli] - ehrlich
42. impressed [ˌɪmˈprest] - beeindruckt
43. intelligence [ˌɪnˈtelədʒəns] - Intelligenz, die
44. justice [ˈdʒʌstɪs] - Gerechtigkeit, die
45. knew [ˈnuː] - wusste
46. lazy [ˈleɪzi] - faul
47. left [ˈleft] - verlassen
48. lesson [ˈlesn] - Unterricht, der
49. level [ˈlevl] - Niveau, das
50. literature [ˈlɪtərətʃər] - Literatur, die
51. low [ˈloʊ] - niedrig
52. masterpiece [ˈmæstərˌpis] - Meisterwerk, das
53. means [ˈmiːnz] - bedeutet
54. merrily [ˈmerəli] - fröhlich
55. more [ˈmɔːr] - mehr
56. more strictly [ˈmɔːr ˈstrɪktli] - strenger
57. myself [ˌmaɪˈself] - ich selbst
58. often [ˈɔfn] - oft
59. passes [ˈpæsəz] - vorbeikommt
60. poorly [ˈpʊrli] - schlecht
61. praise [ˈpreɪz] - loben
62. remind [rɪˈmaɪnd] - erinnerst
63. seriously [ˈsɪriəsli] - ernst
64. slyly [sˈlaɪli] - verschmitzt
65. smart [ˈsmɑːrt] - intelligent
66. spirit [ˈspɪrət] - Stimmung, die
67. spoil [ˌspɔɪl] - ruinieren
68. spot [ˈspɑːt] - erwischen
69. strictly [ˈstrɪktli] - streng
70. style [ˈstaɪl] - Stil, der
71. talks [ˈtɑːks] - spricht
72. teacher [ˈtiːtʃər] - Lehrer, der
73. theme [ˈθiːm] - Thema, das
74. thoughtlessly [ˈθɔːtləsli] - gedankenlos
75. triumphs [ˈtraɪəmfs] - siegt
76. way [ˈweɪ] - Art, die
77. writer [ˈraɪtər] - Schriftsteller, der
78. written [ˈrɪtn] - geschrieben

B

Justice triumphs!

Robert lives in the dorms. He has a lot of friends. All the students like him. But teachers know that Robert is sometimes lazy. That's why they treat Robert more strictly than other students.
It is Robert's first lesson is English literature today. Students carefully study Charles Dickens's work. This writer became famous with works like The Adventures of Oliver Twist, Dombey and Son, David Copperfield and so on.
The teacher has to check homework essays today. The teacher enters the classroom. He holds the students' work in his hands.

Gerechtigkeit siegt!

Robert wohnt im Studentenwohnheim. Er hat viele Freunde. Alle Studenten mögen ihn. Aber die Lehrer wissen, dass Robert manchmal faul ist. Deshalb behandeln sie Robert strenger, als andere Studenten. Roberts erster Unterricht heute ist englische Literatur. Die Studierenden beschäftigen sich genau mit der Arbeit von Charles Dickens. Dieser Schriftsteller wurde durch Bücher wie die Abenteuer von Oliver Twist, Dombey und Sohn, David Copperfield und andere berühmt.
Der Lehrer muss heute die Essays, die Hausaufgabe waren, korrigiert zurückgeben. Der Lehrer betritt das Klassenzimmer. Er hält die Arbeiten der Studenten in seinen Händen.

"Hello. Sit down, please," the teacher says. "I am satisfied with your essays. I especially like Robert's work. I admit to you honestly that I have never read a better work about Dickens. Excellent concept, competent writing, easy style. Even the highest mark is not enough here."

Students open their mouths in amazement. People don't often say things like that about Robert. Then the teacher talks about other works, but doesn't praise anybody the same way. Then he hands out the works to the students. When he passes Robert, he says to him: "Come to see me after the lesson, please."

Robert is surprised. He comes up to the teacher after the lesson. Students already left the classroom.

"Robert you're a smart and good guy," the teacher says. "You even remind me of myself in some ways. I also studied in this college. And I stayed in the same dorms as you do."

Robert does not understand what the teacher means. But the teacher looks at him slyly and continues: "I looked for former students' tests too. But I copied from them just a little to feel the spirit of a theme. And I never copied everything thoughtlessly as you did."

A fear appears in Robert's eyes.

"That's it, my dear. You have not only copied somebody else's work, you have copied a work written by me a long time ago," the teacher continues.

"Then why have you given me the highest mark, professor?" Robert asks hesitantly.

"Because then I got a low mark for it! And I always knew that it deserved a much better mark! And here justice triumphs now!!" the teacher laughs merrily.

"When I was copying your composition, I was impressed by the level of intelligence of the author," says Robert. "So I decided not to change anything to not to spoil this masterpiece, professor," Robert looks in the teacher's eyes.

"You flatter very poorly, Robert," the teacher answers looking seriously at Robert. "Go and

„Hallo. Setzt euch, bitte", sagt der Lehrer. „Ich bin mit euren Essays zufrieden. Ganz besonders mag ich Roberts Arbeit. Ich gebe ehrlich zu, dass ich noch nie eine bessere Arbeit über Dickens gelesen habe. Ein großartiges Konzept, kompetent geschrieben und ein verständlicher Stil. Sogar die beste Note reicht hier nicht aus."

Die Studenten staunen mit offenem Mund. Leute sagen solche Dinge nicht oft über Robert. Dann spricht der Lehrer über andere Arbeiten, aber er lobt niemanden auf die gleiche Art. Dann verteilt er die Arbeiten an die Studenten. Als er bei Robert vorbeikommt, sagt er zu ihm: „Komm nach dem Unterricht bitte zu mir."

Robert ist überrascht. Nach dem Unterricht geht er zum Lehrer. Die anderen Studenten haben das Klassenzimmer schon verlassen.

„Robert, du bist ein intelligenter und guter Junge", sagt der Lehrer, „du erinnerst mich sogar auf gewisse Art an mich selbst. Ich habe auch an diesem College studiert. Und ich habe im gleichen Studentenwohnheim gewohnt wie du."

Robert versteht nicht, was der Lehrer sagen will. Aber der Lehrer sieht ihn verschmitzt an und spricht weiter: „Ich habe mir auch die Tests der früheren Studenten angesehen. Aber ich habe von ihnen nur ein wenig abgeschrieben, um die Stimmung eines Themas zu spüren. Und ich habe nie alles so gedankenlos abgeschrieben wie du."

In Roberts Augen wird Angst sichtbar.

„Das ist es, mein Lieber. Du hast nicht nur die Arbeit von jemand anderem abgeschrieben, du hast eine Arbeit abgeschrieben, die ich selbst vor einer langen Zeit verfasst habe", spricht der Lehrer weiter.

„Aber warum haben Sie mir dann die beste Note gegeben, Professor?", fragt Robert zögerlich.

„Weil ich damals eine schlechte Note dafür bekommen habe! Und ich wusste immer, dass ich eine viel bessere Note verdient hätte! Jetzt siegt die Gerechtigkeit!!", sagt der Lehrer und lacht fröhlich.

„Als ich ihren Aufsatz abgeschrieben habe, war ich vom Intelligenzniveau des Autors beeindruckt", sagt Robert. „Deshalb habe ich beschlossen nichts zu ändern, um dieses Meisterwerk nicht zu ruinieren, Herr Professor", sagt Robert und sieht dem Lehrer in die Augen.

„Du schmeichelst sehr schlecht, Robert", antwortet

remember that any time you cheat, I will spot it easily because I have had a lot of experience. Is it clear?" the teacher finishes.

der Lehrer und sieht Robert ernst an. „Geh jetzt und merk dir, dass ich dich jedes Mal ganz einfach erwischen werde, wenn du mogelst, weil ich sehr viel Erfahrung habe. Ist das klar?", sagt der Lehrer abschließend.

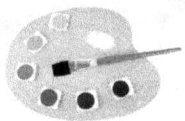

12

Where is the sea?
Wo ist das Meer?

 A

Words
Vokabeln

1. aunt [ˈænt] - Tante, die
2. bench [ˈbentʃ] - Bank, die
3. biggest [ˈbɪgəst] - größte
4. capital [ˈkæpətəl] - Hauptstadt, die
5. completely [kəmˈpliːtli] - ganz
6. compliment [ˈkɑːmpləmənt] - Kompliment, das
7. cooks [ˈkʊks] - kocht
8. could [kʊd] - könnte
9. dad [ˈdæd] - Vater, der
10. different [ˈdɪfərənt] - anders
11. direction [dəˈrekʃnz] - Richtung, die
12. doorbell [ˈdɔːrˌbel] - Türglocke, die
13. end [ˈend] - Ende, das
14. find [ˈfaɪnd] - finden
15. half [ˈhæf] - halbe
16. Hebrew [ˈhiːbruː] - Hebräisch, das
17. hotel [ˌhoʊˈtel] - Hotel, das
18. intersection [ˌɪntərˈsekʃn] - Kreuzung, die
19. Jerusalem [dʒəˈruːsələm] - Jerusalem
20. leads [ˈliːdz] - führt
21. listens [ˈlɪsnz] - hört zu

22. lost ['lɔst] - verlaufen
23. luck ['lʌk] - Glück, das
24. man ['mæn] - Mann, der
25. market ['mɑːrkət] - Markt, der
26. meal ['miːl] - Essen, das
27. neighbor ['neɪbər] - Nachbar, der
28. nods ['nɑːdz] - nickt
29. paid a compliment ['peɪd eɪ 'kɑːmpləmənt] - ein Kompliment gemacht
30. past ['pæst] - vorbei
31. quite ['kwaɪt] - ziemlich
32. recognize ['rekəɡˌnaɪz] - erkenne wieder
33. road [roʊd] - Straße, die
34. sea ['siː] - Meer, das
35. street ['striːt] - Straße, die
36. suggests [səɡ'dʒests] - schlägt vor
37. sunbathing ['sʌnˌbeðɪŋ] - sonnenbaden
38. swimming ['swɪmɪŋ] - schwimmen
39. swimsuit ['swɪmˌsuːt] - Badeanzug, der
40. telephone ['teləˌfoʊn] - Handy, das
41. ten ['ten] - zehn
42. towel ['taʊəl] - Handtuch, das
43. town ['taʊn] - Stadt, die
44. traveling ['trævəlɪŋ] - reist
45. Tuesday ['tuːzdi] - Dienstag, der
46. twenty ['twenti] - zwanzig
47. visiting ['vɪzətɪŋ] - besucht gerade
48. wait ['weɪt] - warten
49. weekend ['wiːˌkend] - Wochenende, das
50. went ['went] - ging

B

Where is the sea?

Wo ist das Meer?

Anna, David's friend, is traveling to Israel to visit her aunt and uncle this summer. The aunt's name is Yael, and the uncle's name is Nathan. They have a son named Ramy. Nathan, Yael and Ramy live in Jerusalem. Jerusalem is the capital and the biggest city in Israel. Anna likes it there. She go to the sea every weekend with her uncle and aunt. Anna likes swimming and sunbathing.
Today is Tuesday. Uncle Nathan goes to work. He is a doctor. Aunt Yael cooks a meal for the whole family. Anna wants to go to the sea very much, but she is afraid to go alone. She knows English well, but doesn't know Hebrew at all. Anna is afraid to get lost. She hears the doorbell ring.
"This is your friend Nina," aunt Yael says. Anna is very glad that her friend came to see her. Nina lives in Kiev. She is visiting her father. Her father is uncle Nathan's neighbor. Nina speaks English well enough.
"Let's go to the sea," Nina suggests.
"How will we find our way?" Anna asks.
"It's Israel. Almost everybody here speaks English," Nina answers.
"Wait a minute, I'll take a swimsuit and a towel," Anna says. Ten minutes later the girls

*Anna, eine Freundin von David, reist diesen Sommer nach Israel, um ihre Tante und ihren Onkel zu besuchen. Ihre Tante heißt Yael und der Name ihres Onkels ist Nathan. Sie haben einen Sohn, der Ramy heißt. Nathan, Yael und Ramy leben in Jerusalem. Jerusalem ist die Hauptstadt und die größte Stadt Israels. Anna ist gerne dort. Jedes Wochenende geht sie mit ihrem Onkel und ihrer Tante ans Meer. Anna schwimmt gerne und liegt gerne in der Sonne.
Heute ist Dienstag. Onkel Nathan geht arbeiten. Er ist Arzt. Tante Yael kocht für die ganze Familie Essen. Anna möchte sehr gerne zum Meer gehen, aber sie hat Angst alleine zu gehen. Sie kann gut Englisch, aber sie spricht überhaupt kein Hebräisch. Anna hat Angst sich zu verlaufen. Sie hört, dass es an der Tür klingelt.
„Es ist deine Freundin Nina", sagt Tante Yael. Anna freut sich sehr, dass ihre Freundin sie besuchen gekommen ist. Nina lebt in Kiev. Sie besucht gerade ihren Vater. Ihr Vater ist der Nachbar von Onkel Nathan. Nina spricht ganz gut Englisch.
„Lass uns zum Meer gehen", schlägt Nina vor.
„Wie werden wir den Weg finden?", fragt Anna.
„Das ist Israel. Fast jeder hier spricht Englisch", antwortet Nina.
„Warte kurz, ich nehme einen Badeanzug und ein Handtuch mit", sagt Anna. Zehn Minuten später*

go outside. A man with a child walks toward them.
"Excuse me, how can we get to the sea?" Anna asks him in English.
"Daughter of the sea?" the man asks. Anna is glad that the man pays a compliment to her. She nods her head.
"It is quite far away. Go to the end of the street then turn to the right. When you get to the intersection, turn to the right again. Good luck," the man says.
Anna and Nina walk for twenty minutes. They pass a market. Then they go past a hotel.
"I don't recognize this hotel. When we went to the sea with my dad, I didn't see it," Nina says.
"Let's ask for directions again," Anna suggests.
"This way leads to the sea, doesn't it?" Nina asks a shop salesman.
"Yes, Daughter of the Sea," the salesman nods.
"It is very strange. They have paid you and me the same compliment two times today," Anna says to Nina. The girls are surprised.
They walk on along the road for half an hour.
"It seems to me that we have already been on a street with the same name," Anna says.
"Yes, but the houses around look completely different," Nina answers.
"Could you tell us, how long does it take to walk from here to the sea?" Nina asks a woman with a dog.
"Daughter of the sea?" the woman asks. Nina is surprised. Women have never paid her compliments before. She nods.
"You're already here," the woman says and goes on. Anna and Nina look around. There are some houses on the right. There is a road on the left.
"Where is the sea here?" Anna asks. Nina doesn't answer. She takes out her telephone and calls her father. The father asks Nina to tell him all the story. The girl tells him everything, then listens to her father and laughs.
"Anna, my father says that we got to another

verlassen die Mädchen das Haus. Ein Mann mit einem Kind kommt ihnen entgegen.
„Entschuldigen Sie, wie kommen wir ans Meer?", fragt ihn Anna auf Englisch.
„Tochter des Meeres?", fragt der Mann. Anna freut sich, dass der Mann ihr ein Kompliment macht. Sie nickt.
„Es ist ziemlich weit entfernt. Geht bis zum Ende der Straße und biegt dann rechts ab. Wenn ihr zur Kreuzung kommt, biegt ihr noch einmal rechts ab. Viel Glück", sagt der Mann.
Anna und Nina gehen zwanzig Minuten lang. Sie gehen an einem Markt vorbei. Dann gehen sie an einem Hotel vorbei.
„Ich erkenne das Hotel nicht wieder. Als wir mit meinem Vater ans Meer gefahren sind, habe ich es nicht gesehen", sagt Nina.
„Lass uns noch einmal nach dem Weg fragen", schlägt Anna vor.
„Dieser Weg führt ans Meer, oder?", fragt Nina einen Verkäufer in einem Laden.
„Ja, Tochter des Meeres", nickt der Verkäufer.

„Das ist sehr seltsam. Sie haben dir und mir heute zwei Mal das gleiche Kompliment gemacht", sagt Anna zu Nina. Die Mädchen sind überrascht. Sie gehen eine halbe Stunde die Straße entlang.
„Ich glaube, dass wir schon in einer Straße mit dem gleichen Namen gewesen sind", sagt Anna.
„Ja, aber die Häuser hier sehen ganz anders aus", antwortet Nina.
„Könnten Sie uns sagen, wie lange es dauert, von hier zum Meer zu gehen?", fragt Nina eine Frau mit einem Hund.
„Tochter des Meeres?", fragt die Frau. Nina ist überrascht. Sie hat noch nie zuvor Komplimente von Frauen bekommen. Sie nickt.
„Ihr seid schon hier", sagt die Frau und geht weiter. Anna und Nina sehen sich um. Rechts stehen einige Häuser. Links ist eine Straße.

„Wo ist hier das Meer?", fragt Anna. Nina antwortet nicht. Sie nimmt ihr Handy heraus und ruft ihren Vater an. Der Vater bittet Nina ihm die ganze Geschichte zu erzählen. Das Mädchen erzählt ihm alles, dann hört sie ihrem Vater zu und lacht.
„Anna, mein Vater sagt, dass wir in eine andere Stadt gegangen sind. Am Ende hat uns doch

city. It turns out that nobody paid us any compliments. They thought that we were going to a small town, named Daughter of the Sea. It is Bat Yam in Hebrew," Nina says. Now Anna laughs, too. The girls go to a park and sit down on a bench. Nina's father arrives in an hour and takes them to the sea.

niemand irgendwelche Komplimente gemacht. Sie dachten, dass wir in eine kleine Stadt wollten, die Tochter des Meeres heißt. Bat Yam auf Hebräisch", sagt Nina. Jetzt lacht auch Anna. Die Mädchen gehen in einen Park und setzen sich auf eine Bank. Eine Stunde später kommt Ninas Vater und bringt sie ans Meer.

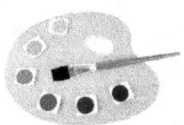

13

A small job
Ein kleiner Job

Words
Vokabeln

1. at once [æt ˈwəns] - sofort
2. bad [ˈbæd] - böse
3. ball [ˈbɔl] - Ball, der
4. bit [ˈbɪt] - gebissen
5. bite [baɪt] - beißen
6. brave [ˈbreɪv] - mutig
7. busy [ˈbɪzi] - beschäftigt
8. capricious [kəˈprɪʃəs] - launisch
9. crocodile [ˈkrɑːkəˌdaɪl] - Krokodil, das
10. drink [ˈdrɪŋk] - trinken
11. drops [ˈdrɑːps] - lässt fallen
12. during [ˈdʊrɪŋ] - während
13. each [ˈiːtʃ] - jede
14. earn [ˈɜːn] - verdienen
15. easier [ˈiːziər] - einfacher
16. employee [emˌplɔɪi] - Angestellte, der
17. exam [ɪgˈzæm] - Prüfung, die
18. exhibition [ˌeksəˈbɪʃn] - Ausstellung, die
19. fifth [ˈfɪfθ] - fünfte
20. fourth [ˈfɔːrθ] - vierte
21. funny [ˈfʌni] - lustig
22. guard [ˈgɑːrd] - Wächter, der
23. important [ˌɪmˈpɔːrtənt] - wichtige
24. instead [ˌɪnˈsted] - statt
25. matter [ˈmætər] - Angelegenheit, die
26. mixed up [ˈmɪkst ʌp] - verwechselt
27. money [ˈmʌni] - Geld, das
28. pay attention [peɪ əˈtenʃn] - beachten
29. put [ˈpʊt] - setzen, legen, stellen
30. random [ˈrændəm] - zufällig
31. second [ˈsekənd] - zweite
32. sly [sˈlaɪ] - verschmitzt
33. task [ˈtæsk] - Aufgabe, die
34. thing [ˈθɪŋ] - Ding, das
35. third [ˈθɜːd] - dritte

A small Job

A funny thing happened to Robert in the summer. Here is what happened. Robert decided to earn some money as a guard during the summer. He guarded an exhibition of cats. Once an important task was given to Robert. He had to put the cats into cages. He also had to write a cat's name on each of the cage.
"OK," Robert says. "What are the names of these fine cats?"
"The cat on the left is Tom, the next one is Jerry, Mickey is in the back, Snickers and Baron are on the right," an employee of the exhibition explains to him. Everybody goes away and Robert stays alone with the cats. He wants to drink some tea. He drinks tea and looks at the cats. The first cat is cleaning itself. The second one is looking out the window. The third and fourth are walking around the room. And the fifth cat approaches Robert. Suddenly it bites him on the leg. Robert drops the cup. His leg hurts badly.
"You're a bad cat, very bad!" he cries. "You aren't a cat. You're a true crocodile! You can't do that. Are you Tom or Jerry? No, you're Mickey! Or Snickers? Or maybe Baron?" then suddenly Robert realizes that he mixed up the cats. He doesn't know the cats' names and cannot put each cat into its own cage. Robert begins to call out the cats' names.
"Tom! Jerry! Mickey! Snickers, Baron!" but the cats pay no attention to him. They are busy with their own matters. Two cats are playing with a ball. Another one is drinking water. And the others went to have some food. How can he remember the cats' names now? And there is nobody to help Robert. Everybody went home already. Then Robert calls out "Kitty kitty!" All the cats turn to once to Robert. What to do now? All the cats look at Robert then turn away and sit down

Ein kleiner Job

Diesen Sommer ist Robert etwas Lustiges passiert. Und zwar folgendes. Robert beschloss während des Sommers ein wenig Geld als Wächter zu verdienen. Er bewachte eine Katzenausstellung. Einmal bekam Robert eine wichtige Aufgabe übertragen. Er musste die Katzen in die Käfige sperren. Er musste auch den Namen jeder Katze auf den jeweiligen Käfig schreiben.
„In Ordnung", sagt Robert. „Wie heißen diese großartigen Katzen?"
„Die Katze links ist Tom, neben ihm ist Jerry, Mickey sitzt hinten, Snickers und Baron sind rechts", erklärt ihm ein Angestellter der Ausstellung. Alle gehen und Robert bleibt mit den Katzen alleine. Er möchte Tee trinken. Er trinkt Tee und schaut die Katzen an. Die erste Katze putzt sich gerade. Die zweite schaut aus dem Fenster. Die dritte und vierte gehen durch das Zimmer. Die fünfte kommt auf Robert zu. Plötzlich beißt sie ihn in das Bein. Robert lässt die Tasse fallen. Sein Bein tut sehr weh.

„Du bist eine böse Katze, sehr böse!", schreit er. „Du bist keine Katze. Du bist wirklich ein Krokodil! Das kannst du nicht machen. Bist du Tom oder Jerry? Nein, du bist Mickey! Oder Snickers? Oder vielleicht Baron?", dann bemerkt Robert plötzlich, dass er die Katzen verwechselt. Er weiß die Namen der Katzen nicht und kann sie nicht in die richtigen Käfige sperren. Robert beginnt, die Namen der Katzen zu rufen.

"Tom! Jerry! Mickey! Snickers, Baron!", aber die Katzen beachten ihn nicht. Sie sind mit sich selbst beschäftigt. Zwei Katzen spielen mit einem Ball. Eine andere trinkt gerade Wasser. Und die anderen fressen gerade etwas. Wie soll er sich jetzt an die Namen der Katzen erinnern? Und es gibt niemanden, der Robert helfen könnte. Alle sind schon nach Hause gegangen. Dann schreit Robert „Miez, miez!". Alle Katzen drehen sich sofort zu Robert um. Und was jetzt? Alle Katzen schauen Robert an, drehen sich dann um und setzten sich

by the window. They sit and look out of the window.

They all sit there, and it isn't clear what their names are. Robert can't think of anything. It is easier to pass an exam than to guess the name of each cat.

Then Robert decides to put each cat in a random cage. Here is what he writes on the cages instead of the names - Pretty, Brave, Sly, Capricious. Robert names the fifth cat, the one that bit him, this way: "Caution! Biting cat."

neben das Fenster. Sie sitzen und schauen aus dem Fenster.

Sie sitzen alle dort und man weiß nicht, wie sie heißen. Robert fällt keine Lösung ein. Es ist einfacher, eine Prüfung zu bestehen, als die Namen der Katzen zu erraten.

Dann beschließt Robert jede Katze in irgendeinen Käfig zu sperren. Anstatt ihrer Namen, schreibt er folgendes an die Käfige: Schön, tapfer, schlau, launisch. Robert benennt die fünfte Katze, diejenige, die ihn gebissen hat, folgendermaßen „Achtung! Bissige Katze."

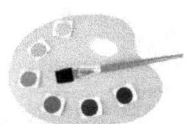

14

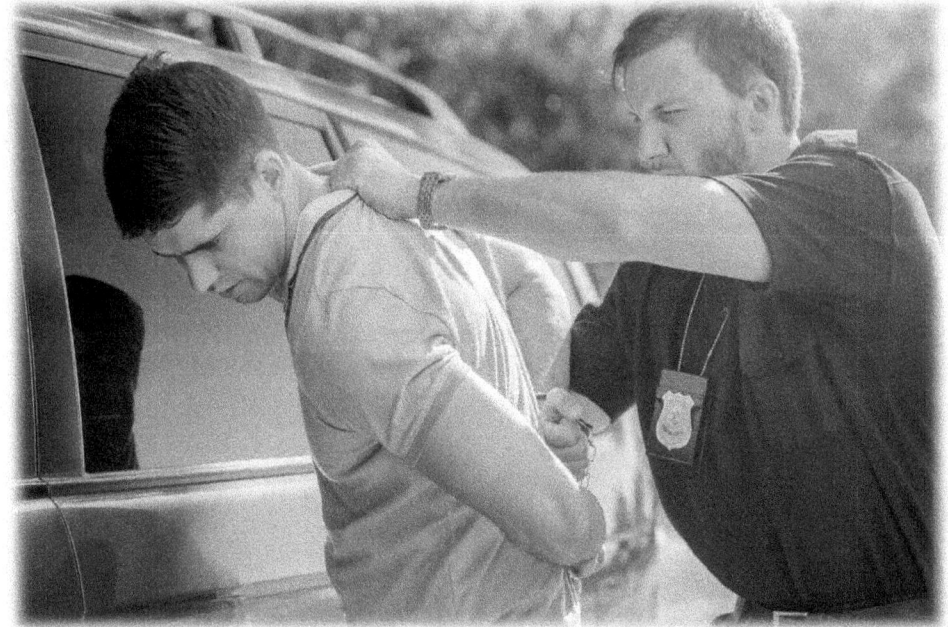

Hold!
Halt!

A

Words

1. ask [ˈæsk] - fragen
2. being repaired [ˈbiːɪŋ rəˈperd] - wird gerade repariert
3. careful [ˈkerfəl] - gewissenhaft
4. departing [dəˈpɑːrtɪŋ] - abfahrend
5. detain [dəˈteɪn] - festnehmen
6. doors [ˈdɔːrz] - Türen, die
7. driver [ˈdraɪvər] - Fahrer, der
8. field [ˈfiːld] - Arbeitsbereich, der
9. four [ˈfɔːr] - vier
10. Friday [ˈfraɪdi] - Freitag, der
11. further [ˈfɝːðər] - weiter
12. happily [ˈhæpɪli] - fröhlich
13. holding [ˈhoʊldɪŋ] - gefasst
14. hurry [ˈhɜːri] - Eile, die
15. interest [ˈɪntrəst] - Interesse, das
16. issue [ˈɪʃuː] - Ausgabe, die
17. joke [dʒoʊk] - Spaß machen
18. lose [ˈluːz] - verlieren
19. Madam [ˈmædəm] - Madame, die
20. magazines [ˈmæɡəˌzinz] - Zeitschriften, die
21. newspaper [ˈnuːzˌpepər] - Zeitung, die
22. overtakes [ˌoʊvəˈteɪks] - überholt
23. policeman [pəˈliːsmən] - Polizist, der
24. professional [prəˈfeʃənəl] - Fachmann, der
25. public [ˈpʌblɪk] - öffentlichen
26. remain [rəˈmeɪn] - bleiben
27. salary [ˈsæləri] - Gehalt, das
28. scoundrel [ˈskaʊndrəl] - Schurke, der
29. shouts [ˈʃaʊts] - schreit
30. spends [ˈspendz] - verbringt
31. straight [ˈstreɪt] - direkt, gerade
32. subway [ˈsʌˌbwe] - U-Bahn, die

33. swimming pool ['swɪmɪŋ 'puːl] - Schwimmbad, das
34. tight ['taɪt] - fest
35. top-notch ['tɔpnɔtʃ] - erstklassig
36. trained ['treɪnd] - trainiert
37. transportation [ˌtrænspərˈteɪʃn] - Verkehrsmittel, die
38. Wednesday ['wenzdi] - Mittwoch, der

Hold!

David studies at college. David usually drives to college in his own car. But now his car is being repaired. So David goes to college on public transportation - first by bus, then by subway. After lectures David goes with his friends to a café to have lunch. While they are having lunch, the friends talk, joke and have a rest from the lessons. Then David goes to the library and spends four hours there. He finishes some assignments, reads new books and magazines in his field. David is careful and studies well. He wants to be a top-notch professional and earn a good salary. On Wednesday and Friday David leaves the library two hours earlier and goes to the swimming pool. David wants to be not just a good professional, but a well trained man too. In the evening David meets his friends or goes straight home.

Today, on the way home, he buys the last issue of the newspaper and goes down into the subway. David comes out of the subway and sees that his bus is already at the bus stop. He realizes that he is late for this bus. He sees an old woman running to the bus. David starts to run too. He overtakes the woman and runs further. The woman sees that she is late, too. She doesn't want to lose time and wait for the next bus. She shouts to David: "Hold it!" The woman wants David to ask the driver to hold the bus for a few seconds. There is a policeman not far from the bus. He hears what the woman shouts. The policeman thinks that he has to detain the man the woman is running after. He catches David and holds him tight. The woman runs up to the bus.

"Madam, I am holding this scoundrel!" the

Halt!

David studiert am College. Normalerweise fährt David mit seinem eigenen Auto zum College. Aber jetzt wird sein Auto gerade repariert. Also nimmt David die öffentlichen Verkehrsmittel, um zum College zu gelangen - erst den Bus, dann die U-Bahn. Nach den Vorlesungen geht David mit seinen Freunden in ein Café um Mittag zu essen. Während des Mittagessens unterhalten sich die Freunde, sie machen Späße und erholen sich vom Unterricht. Dann geht David in die Bibliothek und verbringt dort vier Stunden. Er beendet einige Aufgaben und liest neue Bücher und Zeitschriften aus seinem Arbeitsbereich. David ist gewissenhaft und lernt gut. Er möchte ein erstklassiger Fachmann werden und ein gutes Gehalt verdienen. Am Mittwoch und am Freitag verlässt David die Bibliothek zwei Stunden früher und geht ins Schwimmbad. David möchte nicht nur ein guter Fachmann werden, sondern auch ein gut trainierter Mann sein. Am Abend trifft David seine Freunde oder geht direkt nach Hause. Heute kauft er auf dem Heimweg die neueste Ausgabe der Zeitung und geht hinunter zur U-Bahn. David verlässt die U-Bahn und sieht, dass der Bus bereits an der Bushaltestelle steht. Er merkt, dass er zu spät zum Bus kommt. Er sieht eine alte Frau, die zum Bus rennt. David beginnt auch zu rennen. Er überholt die Frau und rennt weiter. Die Frau merkt auch, dass sie spät dran ist. Sie möchte keine Zeit verlieren und nicht auf den nächsten Bus waren. Sie schreit zu David: „Halt ihn auf!" Die Frau möchte, dass David den Fahrer bittet, den Bus einige Sekunden länger anzuhalten. Ein Polizist ist nicht weit enfernt vom Bus. Er hört, dass die Frau schreit. Der Polizist denkt, dass er den Mann festnehmen muss, dem die Frau nachrennt. Er fängt David und hält ihn fest. Die Frau rennt zum Bus.

„Madame, ich habe diesen Schurken gefasst", sagt

policeman says. The woman looks at the policeman with amazement and says: "Get out of the way, please! I'm in hurry!"
She happily gets on bus and the doors close. David and the policeman remain at the bus stop. And the woman looks at them with interest from the window of the departing bus.

der Polizist. Die Frau sieht den Polizisten überrascht an und sagt: „Gehen Sie mir aus dem Weg, bitte! Ich habe es eilig!"
Sie steigt glücklich in den Bus und die Türen schließen. David und der Polizist bleiben an der Bushaltestelle. Und die Frau sieht ihnen aus dem Fenster des abfahrenden Busses interessiert nach.

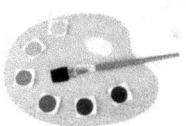

15

A wonderful present
Ein wunderbares Geschenk

A

Words

1. apart [əˈpɑːrt] - auseinander
2. arms [ˈɑːrmz] - Arme, die
3. bends [ˈbendz] - biegt
4. Bible [ˈbaɪbl] - Bibel, die
5. bows [ˈbaʊz] - biegt
6. Christmas [ˈkrɪsməs] - Weihnachten, das
7. crying [ˈkraɪɪŋ] - schreiend
8. dark [ˈdɑːrk] - dunkel
9. dreaming [ˈdriːmɪŋ] - träumt
10. driving [ˈdraɪvɪŋ] - fährt
11. engine [ˈendʒən] - Motor, der
12. five [ˈfaɪv] - fünf
13. flies [ˈflaɪz] - fliegt
14. gently [ˈdʒentli] - sanft
15. giving [ˈgɪvɪŋ] - schenkt
16. goldfish [ˈgoʊldfɪʃ] - Goldfisch, der
17. joyfully [ˌdʒɔɪfəli] - vergnügt
18. kindergarten [ˈkɪndərˌgɑːrtn] - Kindergarten, der
19. listening [ˈlɪsnɪŋ] - hört zu
20. lower [ˈloər] - niedriger, nach unten
21. near [ˈnɪr] - nahe
22. painting [ˈpeɪntɪŋ] - malen
23. pray [ˈpreɪ] - beten

24. pulls [ˈpʊlz] - zieht
25. purring [ˈpɜːrɪŋ] - schnurrend
26. reach [ˈriːtʃ] - erreichen
27. reading [ˈriːdɪŋ] - liest
28. replies [rəˈplaɪz] - antwortet
29. rings [ˈrɪŋz] - klingelt
30. rips [ˈrɪps] - reißt
31. rope [roʊp] - Seil, das
32. Saint [ˈseɪnt] - Heilige, der
33. snowing [ˈsnoʊɪŋ] - schneit
34. stands [ˈstændz] - steht
35. table [ˈteɪbl] - Tisch, der
36. ties [ˈtaɪz] - bindet
37. tiptoe [ˈtɪpˌtoʊ] - Zehenspitzen, die
38. tries [ˈtraɪz] - versucht
39. trunk [ˈtrʌŋk] - Kofferraum, der
40. wonderful [ˈwʌndərfəl] - wunderbar

B

A wonderful present

Ein wunderbares Geschenk

Tina is David's and Nancy's neighbor. She is a little girl. Tina is five years old. She goes to kindergarten. Tina likes painting. She is an obedient girl. Christmas is coming and Tina is waiting for the presents. She wants an aquarium with goldfish.
"Mom, I would like goldfish for Christmas," Tina says to her mom.
"Pray to St. Nicholas. He always brings good children presents," her mom replies.
Tina looks out the window. It is dark outside and it is snowing. Tina closes her eyes and starts dreaming about the aquarium with goldfish.
A car goes past the house. It stops near the next house. David is driving. He lives in the next house. He parks the car, gets out of it and goes home. Suddenly he sees that a kitten is sitting in a tree and crying loudly.
"Get down! Kitty kitty!" David says. But the kitten does not move. "What shall I do?" David thinks.
"I know how to make you get down," David says. He opens the trunk and takes out a long rope. Then he ties the rope to a branch that the kitten is sitting on. The other end of the rope he ties to the car. David gets in the car, starts the engine and drives a little way off. The branch bends and bows lower. David comes up to the branch and tries to reach the kitten. He almost reaches it. David pulls the rope slightly with his hand and the branch bows even lower. David stands on tiptoe and

Tina ist die Nachbarin von David und Nancy. Sie ist ein kleines Mädchen. Tina ist fünf Jahre alt. Sie geht in den Kindergarten. Tina malt gerne. Sie ist ein folgsames Mädchen. Weihnachten kommt bald und Tina wartet auf die Geschenke. Sie möchte ein Aquarium mit Goldfischen.
„Mama, ich hätte gerne Goldfische zu Weihnachten", sagt Tina zu ihrer Mutter.
„Dann musst du zum Hl. Nikolaus beten. Er bringt guten Kindern immer Geschenke", antwortet ihre Mutter.
Tina schaut aus dem Fenster. Draußen ist es dunkel und es schneit. Tina schließt ihre Augen und beginnt von dem Aquarium mit Goldfischen zu träumen.
Ein Auto fährt am Haus vorbei. Es bleibt beim Haus nebenan stehen. David fährt es. Er lebt im Haus nebenan. Er parkt das Auto, steigt aus und geht nach Hause. Plötzlich sieht er, dass ein Kätzchen in einem Baum sitzt und laut miaut.
„Komm runter! Miez, miez!", sagt David. Aber das Kätzchen bewegt sich nicht. „Was soll ich jetzt machen?", denkt David.
„Ich weiß, wie ich es schaffe, dass du herunterkommst", sagt David. Er öffnet den Kofferraum und nimmt ein langes Seil heraus. Dann bindet er das Seil an den Ast, auf dem das Kätzchen sitzt. Das andere Ende des Seils bindet er an sein Auto. David setzt sich in das Auto, startet den Motor und fährt ein kleines Stück. Der Ast biegt sich weiter nach unten. David geht zu dem Ast und versucht das Kätzchen zu erreichen. Er erreicht es beinahe. David zieht leicht mit seiner Hand am Seil und der Ast biegt sich noch weiter nach unten. David steht auf

holds out his hand. But at this moment the rope rips apart and the kitten flies off to another side.

"Uh-oh!" David cries. The kitten flies to the next house, where Tina lives. David runs after the kitten.

At this time Tina is sitting with her mom at the table. The mom is reading the Bible and Tina is listening attentively. Suddenly the kitten flies in through the window. Tina shouts in surprise.

"Look, mom! Saint Nicolas is giving me a kitten!" Tina cries joyfully. She takes the kitten in her hands and pets it gently. The doorbell rings. The mom opens the door. David is at the door.

"Good evening! Is the kitten at your place?" David asks Tina's mom.

"Yes, it is here," Tina replies. The kitten is sitting in her arms and purring. David sees that the girl is very glad.

"Very well. It has found its home then," David smiles and goes back home.

seinen Zehenspitzen und streckt seine Hand aus. Aber in diesem Moment reißt das Seil auseinander und das Kätzchen fliegt auf die andere Seite.

„Oh oh!", schreit David. Das Kätzchen fliegt zum Nachbarhaus, in dem Tina lebt. David rennt dem Kätzchen nach.

Zu diesem Zeitpunkt sitzt Tina mit ihrer Mutter am Tisch. Die Mutter liest aus der Bibel vor und Tina hört aufmerksam zu. Plötzlich fliegt das Kätzchen durch das Fenster. Tina schreit überrascht.

„Schau, Mama! Der Hl. Nikolaus schenkt mir ein Kätzchen!", schreit Tina vergnügt. Sie nimmt das Kätzchen in ihre Hände und streichelt es sanft. Es klingelt an der Tür. Die Mutter öffnet die Tür. David ist an der Tür.

„Guten Abend! Ist das Kätzchen bei Ihnen?", fragt David Tinas Mutter.

„Ja, es ist hier", antwortet Tina. Das Kätzchen sitzt in ihren Armen und schnurrt. David sieht, dass sich das Mädchen sehr freut.

„Sehr gut. Dann hat es sein zu Hause gefunden", sagt David lächelnd und geht zurück nach Hause.

16

Confessions in an envelope
Geständnisse in einem Briefkuvert

A

Words

1. accompanies [əˈkʌmpəniz] - begleitet
2. admires [ædˈmaɪrz] - bewundert
3. advise [ædˈvaɪz] - empfehlen
4. amazing [əˈmeɪzɪŋ] - toll
5. ancient [ˈeɪntʃənt] - alte
6. angry [ˈæŋgri] - wütend
7. arrival [əˈraɪvl] - Ankunft, die
8. awful [ˈɑːfl] - grauenvoll
9. beautiful [ˈbjuːtəfl] - schön
10. beginning [bɪˈgɪnɪŋ] - Anfang, der
11. behaves [bəˈheɪvz] - verhält
12. blushing [ˈblʌʃɪŋ] - errötet
13. bought [ˈbɔːt] - gekauft
14. bright [ˈbraɪt] - leuchtend
15. buildings [ˈbɪldɪŋz] - Gebäude, die
16. cathedral [kəˈθiːdrəl] - Kathedrale, die
17. centre [ˈsentər] - Zentrum, das
18. certainly [ˈsɜːtənli] - auf jeden Fall
19. charmed [ˈtʃɑːrmd] - entzückt
20. charming [ˈtʃɑːrmɪŋ] - bezauberndes
21. chat [ˈtʃæt] - chatten
22. coffee [ˈkɑːfi] - Kaffee, der
23. coldly [ˈkoʊldli] - kalt
24. colorful [ˈkələrfəl] - farbige
25. composes [kəmˈpoʊzɪz] - verfasst
26. confession [kənˈfeʃn] - Geständnis, das
27. courier [ˈkɜːriər] - Zustelldienst, der
28. daybreak [ˈdeɪˌbrek] - Tagesanbruch, der
29. despair [ˌdɪˈsper] - Verzweiflung, die
30. e-mail [ˈiːmeɪl] - E-Mail, die
31. envelope [ˈenvəloʊp] - Briefkuvert, das
32. environment [ənˈvaɪrənmənt] - Umgebung, die
33. fans [ˈfænz] - Fans, die
34. feelings [ˈfiːlɪŋz] - Gefühle, die
35. flight [ˈflaɪt] - Flug, der
36. fly [ˈflaɪ] - fliegen
37. forum [ˈfɔːrəm] - Forum, das
38. gone [ˈgɒn] - weg
39. gotten [ˈgɑːtn] - bekommen

40. grabs [ˈgræbz] - nimmt
41. greets [ˈgriːts] - begrüßt
42. hangs up [ˈhæŋz ʌp] - legt auf
43. harshly [ˈhɑːrʃli] - schroff
44. himself [ˌhɪmˈself] - sich
45. hometown [ˈhomˌtaːwn] - Heimatstadt, die
46. impressions [ˌɪmˈpreʃnz] - Eindrücke, die
47. indifferent [ˌɪnˈdɪfrənt] - gleichgültig
48. Internet [ˈɪntərˌnet] - Internet, das
49. invites [ˌɪnˈvaɪts] - lädt ein
50. it's a pity [[ɪts eɪ ˈpɪti] - es ist schade
51. July [ˌdʒuːˈlaɪ] - Juli, der
52. kill [ˈkɪl] - töten
53. letter [ˈletər] - Brief, der
54. local [ˈloʊkl] - lokalen
55. love [ˈləv] - lieben
56. meeting [ˈmiːtɪŋ] - treffen
57. modern [ˈmɑːdərn] - modern
58. noon [ˈnuːn] - Mittag, der
59. oldest [ˈoʊldɪst] - älteste
60. on business [ɑːn ˈbɪznəs] - geschäftlich
61. pack [ˈpæk] - packen
62. passion [ˈpæʃn] - Leidenschaft, die
63. person [ˈpɜːsn] - Person, die
64. plane [ˈpleɪn] - Flugzeug, das
65. poems [ˈpoʊɪmz] - Gedichte, die
66. poetry [ˈpoʊɪtri] - Poesie, die
67. possible [ˈpɑːsəbl] - möglich
68. postcards [ˈpoʊstkɑːdz] - Postkarten, die
69. react [riˈækt] - reagieren
70. ready [ˈredi] - bereit
71. receive [rəˈsiːv] - erhält
72. recommends [ˌrekəˈmendz] - empfiehlt
73. red [ˈred] - rot
74. romantic [roˈmæntɪk] - romantisch
75. scolding [ˈskoʊldɪŋ] - kritisieren
76. seals [ˈsiːlz] - verschließt
77. send [ˈsend] - senden
78. shy [ˈʃaɪ] - schüchtern
79. shyly [ˈʃaɪli] - schüchtern
80. sights [ˈsaɪts] - Sehenswürdigkeiten, die
81. simply [ˈsɪmpli] - einfach
82. snack [ˈsnæk] - Snack, der
83. spoke [spoʊk] - gesprochen
84. stupid [ˈstuːpəd] - blöde
85. such [ˈsətʃ] - solch
86. suitable [ˈsuːtəbl] - geeignet
87. suitcase [ˈsuːtˌkes] - Koffer, der
88. terribly [ˈterəbli] - fürchterlich
89. ticket [ˈtɪkət] - Ticket, das
90. understood [ˌʌndərˈstʊd] - verstand
91. vacation [veˈkeɪʃn] - Urlaub, der
92. various [ˈveriəs] - verschiedene

Confessions in an envelope

Robert is interested in modern poetry. He spends a lot of time on the Internet every day. He often visits various poetry forums and chats there. He meets Elena at a forum of poetry fans. She likes poetry, too. She writes good poems. Robert admires her poems. And he likes Elena very much, too. She is a student. It is a pity she lives in another city. They chat on the Internet every day, but they have never seen each other. Robert dreams of meeting Elena.

One day Elena writes him that she wants to go to some other city on vacation. She says she wants to change the environment and to get new impressions. Robert invites her with

Geständnisse in einem Briefkuvert

Robert interessiert sich für moderne Poesie. Er verbringt täglich viel Zeit im Internet. Er besucht oft verschiedene Foren und Chats über Poesie. In einem Forum für Poesieliebhaber trifft er Elena. Sie mag Poesie auch. Sie schreibt gute Gedichte. Robert bewundert ihre Gedichte. Und er mag auch Elena sehr gerne. Sie ist eine Studentin. Es ist schade, dass sie in einer anderen Stadt wohnt. Sie chatten jeden Tag im Internet, aber sie haben sich noch nie gesehen. Robert träumt davon, Elena zu treffen.

Eines Tages schreibt ihm Elena, dass sie in einer anderen Stadt Urlaub machen möchte. Sie sagt, dass sie einen Umgebungswechsel will und neue Eindrücke sammeln möchte. Robert lädt sie mit

pleasure. Elena agrees.
She arrives in the beginning of July and stays at a hotel. Robert is charmed by her. Elena is really a charming girl. On the day of her arrival Robert shows her the local sights.
"This is the oldest cathedral in the city. I like to come here," Robert says.
"Oh, it is just amazing here!" Elena replies.
"Are there any interesting places in your hometown?" Robert asks. "My sister Gabi is going to fly there in a few days on business. She asks you to advise her where she can go there," he says.
"The centre of the city is very beautiful," Elena recommends. "There are a lot of ancient buildings there. But if she wants to have a snack, she should not go to the coffee house 'Big Bill'. The coffee is awful there!"
"I'll certainly tell her," Robert laughs.
In the evening Robert accompanies Elena on the way to the hotel. Then all the way home he thinks about what he should do. He wants to tell Elena about his feelings, but doesn't know how to do this. She behaves with him as with a friend, and he doesn't know how she would react to his confession. He feels shy with her. That is why he finally decides to write her a confession of his love in a letter. But he doesn't want to send the letter by e-mail. It seems to him not to be suitable for such a romantic girl as Elena. He sees postcards and colorful envelopes in a shop not far from home. Robert likes bright red envelopes and he buys one. He hopes that Elena will like it, too. Robert's sister Gabi came in the evening.
"Well, do you like Elena?" she asks.
"Yes, she is a very charming girl," Robert answers.
"I'm glad to hear it. I'll fly to her city tomorrow at noon. I've already bought a ticket," Gabi continues.
"She advises you to visit the center of the city," Robert says.
"Okay. Thank her for the advice, please," Gabi replies.
Robert sits at the table in a living room and composes a love confession to Elena all night.

Vergnügen ein. Elena stimmt zu.
Sie kommt Anfang Juli an und übernachtet in einem Hotel. Robert ist von ihr entzückt. Elena ist wirklich ein bezauberndes Mädchen. Am Tag ihrer Ankunft zeigt Robert ihr die lokalen Sehenswürdigkeiten.
„Das ist die älteste Kathedrale in der Stadt. Ich komme hier gerne her", sagt Robert.
„Oh, hier ist es einfach toll!", antwortet Elena.
„Gibt es interessante Orte in deiner Heimatstadt?", fragt Robert. „Meine Schwester Gabi wird geschäftlich in einigen Tagen dorthin fliegen. Sie bittet dich, ihr einige Orte dort zu empfehlen", sagt er.
„Das Stadtzentrum ist sehr schön", empfiehlt Elena. „Dort gibt es sehr viele alte Gebäude. Aber wenn sie einen kleinen Snack essen will, sollte sie nicht in das Kaffeehaus ‚Big Bill' gehen. Der Kaffee ist dort grauenvoll!"
„Das werde ich ihr auf jeden Fall ausrichten", sagt Robert und lacht.
Am Abend begleitet Robert Elena bis zum Hotel. Auf dem ganzen Weg nach Hause denkt er dann darüber nach, was er tun soll. Er möchte Elena von seinen Gefühlen erzählen, aber er weiß nicht, wie er es machen soll. Sie verhält sich wie eine gute Freundin und er weiß nicht, wie sie auf sein Geständnis reagieren würde. In ihrer Nähe ist er schüchtern. Deshalb entscheidet er sich schließlich ihr seine Liebe in einem Brief zu gestehen. Aber er möchte ihr die Botschaft nicht per E-Mail senden. Das scheint ihm nicht passend für so ein romantisches Mädchen wie Elena. In einem Laden in der Nähe von zu Hause sieht er Postkarten und farbige Briefkuverts. Robert mag leuchtend rote Briefkuverts und er kauft eines. Er hofft, dass Elena es auch mögen wird. Roberts Schwester Gabi kommt am Abend.
„Und, magst du Elena?", fragt sie.
„Ja, sie ist ein sehr bezauberndes Mädchen", antwortet Robert.
„Ich freue mich das zu hören. Ich werde morgen Mittag in ihre Stadt fliegen. Ich habe das Ticket schon gekauft", redet Gabi weiter.
„Sie empfiehlt dir, das Stadtzentrum zu besichtigen", sagt Robert.
„In Ordnung. Bedanke dich bitte bei ihr für den Ratschlag", antwortet Gabi.
Robert sitzt die ganze Nacht am Tisch im

He writes her a long love confession. He seals the letter into the red envelope at daybreak and leaves it on the table. He calls a courier in the morning and gives him the letter. He wants Elena to receive his love confession as soon as possible. Robert is very worried so he goes out for a walk. He calls Elena an hour later.
"Good morning, Lena," he greets her.
"Good morning, Robert," she answers him.
"Have you already gotten my letter?" he asks, blushing.
"Yes, I have," she says coldly.
"Maybe let's meet and take a walk.." he says shyly.
"No. I need to pack the suitcase. They are already waiting for me at home," she says harshly and hangs up. Robert is simply in despair. He doesn't know what to do. He begins scolding himself for having written the love confession. At this moment his sister calls him. She is terribly angry.
"Robert, where is my plane ticket? I left it on the table in the living room! It was in a red envelope. But now it's gone! There is a letter there! What's the stupid joke?!" Gabi cries.
Robert can't believe it. Everything is clear to him now. Elena has received a ticket for today's flight to her city from the courier. She decided that Robert doesn't like her and he wants her to leave.
"Robert, why are you silent?" Gabi is angry.
"Where is my ticket?"
Robert understood that today two women at once are ready to kill him. But he is happy that Elena is not indifferent towards him. With what passion she spoke to him! She has feelings towards him, too! He joyfully runs home, grabs the love confession from the table and runs to Elena to read it to her in person.

Wohnzimmer und verfasst sein Liebesgeständnis an Elena. Er schreibt ihr ein langes Liebesgeständnis. Bei Tagesanbruch verschließt er den Brief im roten Umschlag und lässt ihn auf dem Tisch liegen. Am Morgen ruft er einen Zustelldienst und gibt ihm den Brief. Er möchte, dass Elena sein Liebesgeständnis so bald wie möglich erhält. Robert macht sich viele Sorgen und deshalb geht er spazieren. Er ruft Elena eine Stunde später an.
„Guten Morgen, Lena", begrüßt er sie.
„Guten Morgen, Robert", antwortet sie ihm.
„Hast du meinen Brief schon bekommen?", fragt er und errötet.
„Ja, habe ich", sagt sie kalt.
„Vielleicht können wir uns treffen und spazieren gehen...", sagt er schüchtern.
„Nein. Ich muss meinen Koffer packen. Zu Hause warten sie schon auf mich", sagt sie schroff und legt auf. Robert ist einfach verzweifelt. Er weiß nicht, was er tun soll. Er beginnt, sich selbst zu kritisieren, weil er das Liebesgeständnis geschrieben hat. In diesem Moment ruft ihn seine Schwester an. Sie ist fürchterlich wütend.
„Robert, wo ist mein Flugticket? Ich habe es auf dem Tisch im Wohnzimmer liegen gelassen! Es war in einem roten Briefkuvert. Aber jetzt ist es weg! Es ist nur ein Brief im Kuvert! Was soll dieser blöde Scherz?!", schreit Gabi.
Robert kann es nicht glauben. Jetzt versteht er alles. Elena hat vom Zustelldienst ein Ticket für den heutigen Flug in ihre Stadt bekommen. Sie war überzeugt davon, dass Robert sie nicht mag und dass er möchte, dass sie die Stadt verlässt.
„Robert, warum sagst du nichts?", sagt Gabi wütend. „Wo ist mein Ticket?".
Robert versteht, dass heute zwei Frauen auf einmal bereit sind, ihn zu töten. Aber er freut sich, dass er Elena nicht gleichgültig ist. Wie leidenschaftlich sie mit ihm gesprochen hat! Sie hat auch Gefühle für ihn! Er rennt vergnügt nach Hause, nimmt das Liebesgeständnis vom Tisch und rennt zu Elena, um es ihr persönlich vorzulesen.

17

A specialty of the house
Eine Spezialität des Hauses

A

Words

1. appetizing [ˈæpəˌtaɪzɪŋ] - verlockend
2. began [bɪˈgæn] - begann
3. behind [bəˈhaɪnd] - hinter
4. brought [ˈbrɔːt] - gebracht
5. chicken [ˈtʃɪkən] - Hähnchen, das
6. cold [koʊld] - kalt
7. complicated [ˈkɑːmpləˌketəd] - kompliziert
8. delicious [dəˈlɪʃəs] - köstlich
9. fainted [ˈfeɪntəd] - wurde ohnmächtig
10. foil [ˌfɔɪl] - Folie, die
11. fry [ˈfraɪ] - braten
12. interrupts [ˌɪntəˈrəpts] - unterbricht
13. legs [ˈlegz] - Beine, die
14. mating [ˈmeɪtɪŋ] - Paarung, die
15. minutes [ˈmɪnəts] - Minuten, die
16. noise [nɔɪz] - Lärm, der
17. oven [ˈʌvn] - Backrohr, das
18. packet [ˈpækət] - Packung, die
19. people [ˈpiːpl] - Leute, die
20. phone [ˈfoʊn] - anrufen
21. picnic [ˈpɪkˌnɪk] - Picknick, das

22. pretty ['prɪti] - ziemlich
23. short ['ʃɔːrt] - kurz
24. specialty ['speʃəlti] - Spezialität, die
25. splashes ['splæʃəz] - bespritzt
26. sticking out ['stɪkɪŋ aʊt] - hervorstehend
27. terrible ['terəbl] - schrecklich
28. try hard [traɪ 'hɑːrd] - sich sehr bemühen
29. urgently ['ɜːdʒəntli] - dringend
30. warn ['wɔːrn] - Bescheid sagen
31. wide-eyed ['waɪd] - mit großen Augen
32. wrap ['ræp] - einpacken

A specialty of the house

Gabi cooks a very fine chicken with vegetables. It is her specialty dish. One day Robert asks her to cook him this delicious dish. Robert is going on a picnic with his friends. He wants to please his friends with a tasty dish. He wants Gabi not to fry chicken, but to cook it in an oven. But Gabi offers him to quickly fry it because she hasn't enough time. Robert agrees to it.
"Gabi, I don't have time to come and take the chicken on time," Robert says to her. "Elena will come and will take the chicken. Okay?"
"Okay," Gabi says, "I'll give it to Elena." Gabi tries hard to the cook chicken with vegetables well. It is a pretty complicated dish. But Gabi is an excellent cook. Finally, the chicken is ready. The dish looks very appetizing. Gabi looks at the watch. Elena should come soon. But suddenly they phone Gabi from work. Today Gabi has a day off, but people at work ask her to come for a short time because of some important issue. She should go urgently. There is also an old nanny and a child at home. The nanny began working for them not long ago.
"I need to go for a short time on business," Gabi says to the nanny. "A girl will come for the chicken in ten minutes. The chicken is getting cold now. You will have to wrap it in foil and give it to the girl. Okay?" she asks.
"Okay," the nanny replies. "Do not worry, Gabi, I'll do it as you say."

Eine Spezialität des Hauses

Gabi kocht sehr gutes Hähnchen mit Gemüse. Es ist ihre Spezialität. Eines Tages bittet Robert sie, ihm dieses köstliche Gericht zu kochen. Robert wird mit seinen Freunden ein Picknick machen. Er möchte seinen Freunden mit einem leckeren Gericht eine Freude machen. Er will, dass Gabi das Hähnchen nicht brät, sondern im Backrohr bäckt. Aber Gabi bietet ihm an, es schnell zu braten, weil sie nicht genug Zeit hat. Robert ist einverstanden.

„Gabi, ich habe keine Zeit um vorbeizukommen und das Hähnchen rechtzeitig abzuholen", sagt Robert zu ihr. „Elena wird zu dir kommen und das Hähnchen abholen. In Ordnung?"
„In Ordnung", sagt Gabi, „ich werde es Elena geben." Gabi bemüht sich sehr, das Hähnchen mit Gemüse gut zu kochen. Es ist ein ziemlich kompliziertes Gericht. Aber Gabi ist eine hervorragende Köchin. Das Hähnchen ist endlich fertig. Das Gericht sieht sehr verlockend aus. Gabi sieht auf die Uhr. Elena sollte bald kommen. Aber plötzlich wird Gabi aus der Arbeit angerufen. Heute hat Gabi frei, aber Leute in ihrer Arbeit bitten sie, wegen eines wichtigen Problems kurz vorbeizukommen. Sie sollte dringend hinfahren. Es ist auch ein altes Kindermädchen und ein Kind zu Hause. Das Kindermädchen hat erst vor kurzem angefangen, bei ihnen zu arbeiten.

„Ich muss kurz beruflich weggehen", sagt Gabi zu dem Kindermädchen. „Eine junge Frau wird das Hähnchen in zehn Minuten abholen. Das Hähnchen wird jetzt schon kalt. Sie müssen es in Folie einpacken und der jungen Frau geben. In Ordnung?", fragt sie.

„In Ordnung", antwortet das Kindermädchen. „Machen Sie sich keine Sorgen, Gabi. Ich werde es genau so

"Thank you!" Gabi thanks the nanny and quickly leaves on business. The girl comes in ten minutes.
"Hello. I came to take.." she says.
"I know, I know," the nanny interrupts her. "We have already fried it."
"You fried it?" the girl stares wide-eyed at the nanny.
"I know that you didn't want to fry it. But don't worry, we've fried it well. It turned out very tasty! I'll pack it for you," the nanny says and goes to the kitchen. The girl slowly goes to the kitchen behind the nanny.
"Why did you fry it?" the girl asks again.
"I know that you didn't want it that way. But do not worry," the nanny answers. "It is really tasty. You will be glad."
The girl sees that the old woman wraps in a packet something fried, with its legs sticking out. Suddenly the old woman hears a noise and turns around. She sees that the girl has fainted.
"Oh, how terrible!" the old woman cries. "What shall I do now?" She splashes some water on the girl, and the girl slowly comes to. At this moment Gabi comes back home.
"Oh, I forgot to warn you," Gabi says to the nanny. "This is my friend who came to take back her cat. She brought it to our cat for mating. And what happened here?"

machen."
„Danke!", bedankt sich Gabi bei dem Kindermädchen und geht aus beruflichen Gründen weg. Zehn Minuten später kommt eine junge Frau.
„Hallo. Ich komme um...", sagt sie.
„Ich weiß, ich weiß", unterbricht sie das Kindermädchen. „Wir haben es schon gebraten."
„Sie haben es gebraten?", die junge Frau starrt das Kindermädchen mit großen Augen an.
„Ich weiß, dass sie es nicht braten wollten. Aber keine Sorge, wir haben es gut gebraten. Es ist sehr lecker geworden. Ich werde es für Sie einpacken", sagt das Kindermädchen und geht in die Küche. Die junge Frau folgt dem Kindermädchen langsam in die Küche.
„Warum haben Sie es gebraten?", fragt die junge Frau noch einmal.
„Ich weiß, dass sie es nicht so haben wollten. Aber keine Sorge", antwortet das Kindermädchen, „es ist sehr lecker. Sie werden sich freuen."
Die junge Frau sieht, dass die alte Frau etwas Gebratenes einpackt. Die Beine stehen hervor. Plötzlich hört die alte Frau einen Lärm und dreht sich um. Sie sieht, dass die junge Frau ohnmächtig geworden ist.
„Oh, wie schrecklich!", schreit die alte Frau. „Was soll ich jetzt machen?" Sie bespritzt die junge Frau mit Wasser und die junge Frau kommt langsam zu sich. In diesem Moment kommt Gabi zurück nach Hause.
„Oh, ich habe vergessen, Ihnen Bescheid zu sagen", sagt Gabi zu dem Kindermädchen. „Das ist meine Freundin, die gekommen ist um ihre Katze wieder abzuholen. Sie hat sie zu unserem Kater gebracht, damit sie sich paaren können. Und was ist hier passiert?"

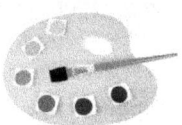

18

Tulips and apples
Tulpen und Äpfel

A

Words

1. apple [ˈæpl] - Apfel, der
2. articles [ˈɑːrtəklz] - Paragrafen, die
3. astonishment [əˈstɑːnɪʃmənt] - Erstaunen, das
4. belongs [bɪˈlɔːŋz] - gehört
5. blossom [ˈblɑːsəm] - blühen
6. branches [ˈbræntʃəz] - Äste, die
7. break [ˈbreɪk] - zerstören
8. common sense [ˈkɔmən ˈsens] - gesunder Menschenverstand
9. court [ˈkɔːrt] - Gericht, das
10. detail [dəˈteɪl] - Detail, das
11. discuss [ˌdɪˈskəs] - diskutieren
12. dispute [ˌdɪˈspjuːt] - Streit, der
13. elderly [ˈeldərli] - älterer
14. enthusiastically [enˌθuːziˈæstɪkli] - enthusiastisch
15. favorite [ˈfeɪvərət] - liebsten
16. fence [ˈfens] - Zaun, der
17. flowerbed [ˈflaʊəbed] - Blumenbeet, das
18. grows [groʊz] - wächst
19. hang [ˈhæŋ] - hängen
20. incorrect [ˌɪnkəˈrekt] - falsch
21. interested [ˈɪntrəstəd] - interessiert

22. judge [ˈdʒədʒ] - Richter, der
23. jurisprudence [ˌdʒʊrəˈspruːdəns] - Rechtswissenschaft, die
24. laws [ˈlɔz] - Gesetze, die
25. notebooks [ˈnoʊtbʊks] - Notizbücher, die
26. opinion [əˈpɪnjən] - Meinung, die
27. over [ˈoʊvə] - über
28. point [ˈpɔɪnt] - Stelle, die
29. prove [ˈpruːv] - beweisen
30. resolve [riˈzɑːlv] - lösen
31. sense [ˈsens] - Verstand, der
32. separated [ˈsepəˌretəd] - getrennt
33. shakes [ˈʃeɪks] - schüttelt
34. simple [ˈsɪmpl] - einfach
35. solution [səˈluːʃn] - Lösung, die
36. spring [ˈsprɪŋ] - Frühling, der
37. strict [ˈstrɪkt] - streng
38. studying [ˈstʌdiɪŋ] - studiert
39. tulips [ˈtuːləps] - Tulpen, die
40. wrote [roʊt] - schrieb

B

Tulips and apples

Robert likes studying. And one of his favorite subjects is jurisprudence. The teacher of jurisprudence is an elderly professor. He is very strict and often gives difficult tasks to the students.
One day the professor decides to give a test. He gives an interesting assignment about two neighbors. The neighbors live very close from one another. They are separated only by a fence. On one side of the fence grows an apple tree. There is a flowerbed with tulips on the other side of the fence. The flowerbed belongs to the other neighbor. But the apple tree is very big. Its branches hang over the fence into the garden of the other neighbor. The apples fall from it right on the flowerbed and break flowers. The professor asks students how a judge in a court would resolve this dispute.
Some students believe that the owner of the tulips is right. Others say that the owner of the apple tree is right. They recall different laws that prove that they are right. The students discuss the assignment with each other enthusiastically. But at this point the professor asks them to stop the dispute.
"Each of you have your own opinion," the professor says. "Now open your notebooks for tests and write in detail your solution to the assignment, please."
It gets quiet in the classroom. Everybody is writing their answers in the notebooks.

Tulpen und Äpfel

Robert studiert gerne. Und eines seiner liebsten Fächer ist Rechtswissenschaft. Der Lehrer der Rechtswissenschaft ist ein älterer Professor. Er ist sehr streng und gibt seinen Studenten oft schwierige Aufgaben.
Eines Tages beschließt der Professor einen Test zu machen. Er stellt eine interessante Aufgabe über zwei Nachbarn. Die Nachbarn leben sehr nahe beieinander. Es steht nur ein Zaun zwischen ihren Grundstücken. Auf der einen Seite des Zauns wächst ein Apfelbaum. Es gibt ein Blumenbeet mit Tulpen auf der anderen Seite des Zauns. Das Blumenbeet gehört dem anderen Nachbarn. Aber der Apfelbaum ist sehr groß. Seine Äste hängen über den Zaun in den Garten des anderen Nachbars. Die Äpfel fallen genau in das Blumenbeet und zerstören die Blumen. Der Professor fragt die Studenten, wie ein Richter im Gericht diesen Streit lösen würde.
Einige Studenten glauben, dass der Besitzer der Tulpen recht hat. Andere sagen, dass der Besitzer des Apfelbaumes recht hat. Sie nennen verschiedene Gesetze, die beweisen, dass sie recht haben. Die Studenten diskutieren enthusiastisch die Aufgabe untereinander. Aber an dieser Stelle bittet sie der Professor, den Streit zu beenden.
„Jeder von euch hat seine eigene Meinung", sagt der Professor. „Öffnet jetzt bitte eure Notizbücher für den Test und schreibt bitte eure Lösung für diese Aufgabe im Detail auf."
Es wird still im Klassenzimmer. Alle schreiben ihre Antworten in die Notizbücher. Robert schreibt, dass der Besitzer der Tulpen recht hat und erkärt seine

Robert is writing that the owner of the tulips is right and explains his opinion in detail. The lesson comes to the end in an hour and the professor gathers the students' works. He puts the tests together in his case and is about to leave. But the students ask him to stay for a short while. They are interested to know what solution to the assignment is the right one.
"Mr. Professor, what is the right answer?" Robert asks. "We all want to know it!"
The professor laughs slyly.
"You see," the professor replies, "it's very simple. Tulips blossom in the spring. And apples fall down only in the autumn. That's why the apples can't fall down on the tulips. This situation can't happen."
The students understand that he is right with astonishment. And it means that their answers are incorrect and they'll get low marks for the tests.
"But Mr. Professor, after all, we wrote very good tests," one of the students says. "We know the laws quite well. You cannot give us low marks only because of tulips."
But the professor shakes his head.
"It isn't enough to know the laws," he explains. "You should turn on your common sense first and only then think of the articles of laws!"

Meinung im Detail.
In einer Stunde geht die Vorlesung zu Ende und der Professor sammelt die Arbeiten der Studenten ein. Er steckt alle Tests zusammen in seinen Koffer und ist kurz davor wegzugehen. Aber die Studenten bitten ihn, noch eine kurze Weile zu bleiben. Sie sind daran interessiert zu wissen, welche Lösung der Aufgabe die richtige ist.
„Herr Professor, was war die richtige Antwort?", fragt Robert. „Wir wollen es alle wissen!"
Der Professor lacht verschmitzt.
„Wisst ihr", antwortet der Professor, „es ist sehr einfach. Tulpen blühen im Frühling. Und Äpfel fallen nur im Herbst vom Baum. Aus diesem Grund können die Äpfel nicht auf die Tulpen fallen. Diese Situation kann nicht stattfinden."
Die Studenten begreifen erstaunt, dass er recht hat. Und das bedeutet, dass ihre Antworten falsch sind und sie schlechte Noten auf ihre Tests bekommen werden.
„Aber Herr Professor, wir haben trotz allem sehr gute Tests geschrieben", sagt einer der Studenten. „Wir kennen die Gesetze ziemlich gut. Sie können uns nicht nur wegen der Tulpen schlechte Noten geben."
Aber der Professor schüttelt seinen Kopf.
„Es reicht nicht, die Gesetze zu kennen", erklärt er. „Ihr solltet erst euren gesunden Menschenverstand einschalten und erst dann über die Gesetzesparagrafen nachdenken!"

19

Cake
Torte

A

Words

1. according [əˈkɔːrdɪŋ] - entsprechend
2. bake [ˈbeɪk] - backen
3. baking [ˈbeɪkɪŋ] - backend
4. birthday [ˈbɜːθˌde] - Geburtstag, der
5. brother [ˈbrʌðr] - Bruder, der
6. cabinets [ˈkæbənəts] - Schränke, die
7. cake [ˈkeɪk] - Torte, die
8. computer [kəmˈpjuːtər] - Computer, der
9. confused [kənˈfjuːzd] - verwirrt
10. considers [kənˈsɪdərz] - hält sich
11. cooking [ˈkʊkɪŋ] - kocht
12. cream [ˈkriːm] - Creme, die
13. culinary [ˈkjuːləˌneri] - kulinarisch
14. daddy [ˈdædi] - Vater, der
15. dangerous [ˈdeɪndʒərəs] - gefährlich
16. daughter [ˈdɔtər] - Tochter, die
17. drawer [ˈdrɔːr] - Schublade, die
18. eight-year-old [ˈeɪt] - achtjährige
19. explosion [ɪkˈsploʊʒn] - Explosion, die
20. father [ˈfɑːðr] - Vater, der
21. fine print [faɪn ˈprɪnt] - Kleingedruckte, das

66

22. forty [ˈfɔːrti] - vierzig
23. fridge [ˈfrɪdʒ] - Kühlschrank, der
24. full [ˈfʊl] - voll
25. game [ˈɡeɪm] - Spiel, der
26. glue [ˈɡluː] - Kleber, der; Klebstoff, der
27. gluing [ˈɡluːɪŋ] - kleben
28. grease [ˈɡriːs] - einfetten
29. inscription [ˌɪnˈskrɪpʃn] - Aufschrift, die
30. leather [ˈleðər] - Leder, das
31. lowermost [ˈloʊəmoʊst] - unterste
32. manages [ˈmænɪdʒəz] - zurechtkommen
33. objects [ˈɑːbdʒekts] - Gegenstände, die
34. omelette [ˈɔmlɪt] - Omelett, das
35. package [ˈpækɪdʒ] - Packung, die
36. parents [ˈperənts] - Eltern, die
37. perhaps [pərˈhæps] - vielleicht

38. porcelain [ˈpɔːrsələn] - Porzellan, das
39. print [ˈprɪnt] - Druck, der
40. proud [ˈpraʊd] - stolz
41. real [riːl] - wirklich
42. recipe [ˈresəpi] - Rezept, das
43. sis [ˈsɪs] - Schwester, die; Schwesterherz, das
44. smell [ˈsmel] - Geruch, der
45. smoke [smoʊk] - Rauch, der
46. soup [ˈsuːp] - Suppe, die
47. splattered [ˈsplætərd] - besprizt
48. talent [ˈtælənt] - Talent, das
49. tube [ˈtuːb] - Tube, die
50. wood [ˈwʊd] - Holz, das
51. word [ˈwɜːd] - Wort, das
52. work [ˈwɜːk] - Arbeit, die

 B

Cake

Torte

Eight-year-old Nancy likes cooking very much. She can cook a delicious soup and an omelette. Linda helps her daughter sometimes, but Nancy manages on her own quite well. Everybody says that the girl has a talent for culinary. Nancy is very proud of it. She considers herself a real cook. So one day she decides to prepare a present for her father Christian on his birthday. She wants to bake a delicious cake for him. Nancy finds a suitable cake recipe. The parents go to work, and Nancy stays at home with her brother. But David is not looking after her. He is playing a computer game in his room. Nancy starts preparing the cake. She follows the recipe strictly and it seems that she can do everything. When suddenly she reads in the recipe: "Grease the dough with culinary glue. "Nancy gets confused. There is a lot of food in the fridge but there is no glue. She starts looking in the kitchen cabinets when suddenly in the lowermost drawer she finds a tube with the inscription "Glue". There isn't the word "culinary" on the package though. But Nancy decides it is not so important. After all, the main thing it is the glue.

Die achtjährige Nancy kocht sehr gerne. Sie kann eine köstliche Suppe und ein Omelett zubereiten. Linda hilft ihrer Tochter manchmal, aber Nancy kommt auch ganz gut alleine zurecht. Alle sagen, dass das Mädchen ein kulinarisches Talent besitzt. Nancy ist sehr stolz darauf. Sie hält sich selbst für eine echte Köchin. Daher beschließt sie eines Tages, für ihren Vater Christian ein Geschenk zu seinem Geburtstag zuzubereiten. Sie möchte ihm eine köstliche Torte backen. Nancy findet ein geeignetes Rezept für eine Torte. Ihre Eltern gehen arbeiten und Nancy bleibt mit ihrem Bruder zu Hause. Aber David passt nicht auf sie auf. Er spielt gerade in seinem Zimmer ein Computerspiel. Nancy beginnt, die Torte zuzubereiten. Sie folgt streng dem Rezept und es scheint, als könne sie alles machen. Als sie plötzlich folgendes im Rezept liest: „Fetten Sie den Teig mit kulinarischem Kleber ein." Nancy ist verwirrt. Es gibt sehr viel Essen im Kühlschrank, aber keinen Klebstoff. Sie beginnt in den Küchenschränken zu suchen, als sie plötzlich in der untersten Schublade eine Tube mit der Aufschrift „Kleber" findet. Das Wort „kulinarisch" steht jedoch nicht auf der Packung. Aber Nancy beschließt, dass das nicht so wichtig ist. Das wichtigste ist ja schließlich, dass es Klebstoff ist.

Though, this glue is for gluing objects made of wood, leather and porcelain. But Nancy hasn't read this fine print. She greases the dough with glue according to the recipe. Then she puts the dough into the oven and leaves the kitchen. The cake should bake for forty minutes.
Twenty minutes later, the parents come back home.
"What is this delicious smell from the kitchen?" Christian asks.
Nancy is about to answer him, but suddenly an explosion is heard in the kitchen! Surprised, Christian opens the door to the kitchen and they see that the whole kitchen is full of smoke, the oven door is splattered with dough and there is an awful smell. Christian and Linda look in surprise at the daughter.
"Well, I was going to bake a cake with tasty cream for daddy…" Nancy says quietly.
"What did you put there?" the brother asks.
"Don't worry, sis! If your cake is so dangerous, then it is perhaps better that it hasn't finished baking."

Dieser Kleber ist jedoch dazu da, um Gegenstände aus Holz, Leder oder Porzellan zusammenzukleben. Aber Nancy hat das Kleingedruckte nicht gelesen. Sie fettet den Teig entsprechend dem Rezept mit dem Kleber ein. Dann stellt sie den Teig in das Backrohr und verlässt die Küche. Die Torte sollte vierzig Minuten lang backen.
Zwanzig Minuten später kommen ihre Eltern zurück nach Hause.
„Was kommt da für ein köstlicher Geruch aus der Küche?", fragt Christian.
Nancy will ihm gerade antworten, aber plötzlich hören sie eine Explosion in der Küche! Überrascht öffnet Christian die Tür zur Küche und sieht, dass die ganze Küche voller Rauch ist. Die Tür des Backrohrs ist mit Teig bespritzt und es stinkt fürchterlich. Christian und Linda sehen ihre Tochter überrascht an.

„Nun ja, ich wollte eine Torte mit einer leckeren Creme für Papa backen…", sagt Nancy leise.
„Was hast du hineingetan?", fragt ihr Bruder.
„Mach dir keine Sorgen, Schwesterherz! Wenn deine Torte so gefährlich ist, ist es vielleicht besser, dass sie nicht fertig gebacken wurde."

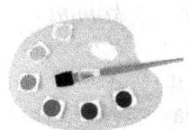

20

Exotic dinner
Exotisches Abendessen

Words

1. alive [əˈlaɪv] - lebendig
2. alternative [ɔlˈtɚːnətɪv] - Alternative, die
3. Asian [ˈeɪʒn] - asiatisch
4. at last [æt ˈlæst] - schließlich
5. barbarian [barˈberiən] - Barbar, der
6. best [ˈbest] - besten
7. bill [ˈbɪl] - Rechnung, die
8. caterpillar [ˈkætəˌpɪlər] - Raupe, die
9. centimeters [ˈsentəˌmitərz] - Zentimeter, die
10. chef [ˈʃef] - Koch, der
11. chooses [ˈtʃuːzəz] - wählt
12. cost [ˈkɑːst] - kostet
13. country [ˈkʌntri] - Land, das
14. crawling [ˈkrɔlɪŋ] - kriechen
15. cuisine [ˌkwɪˈziːn] - Küche, die
16. customs [ˈkʌstəmz] - Bräuche, die
17. cut [ˈkət] - geschnittenes
18. delicacy [ˈdeləkəsi] - Delikatesse, die
19. didn't [ˈdɪdənt] - machte nicht
20. dollars [ˈdɑːlərz] - Dollar, der
21. drop by [ˈdrɑːp baɪ] - vorbeischauen
22. eating [ˈiːtɪŋ] - essend
23. embarrassment [emˈberəsmənt] - Verlegenheit, die
24. exchange [ɪksˈtʃeɪndʒ] - austauschen
25. excrements [ˈekskrəməntz] - Exkremente, die
26. exotic [ɪgˈzɑːtɪk] - exotisch
27. expect [ɪkˈspekt] - erwartet

28. expensive [ɪkˈspensɪv] - teuer
29. faints [feɪnts] - wird ohnmächtig
30. fat [ˈfæt] - fett
31. fifteen [ˌfɪfˈtiːn] - fünfzehn
32. flip [ˈflɪp] - blättern
33. fork [ˈfɔːrk] - Gabel, die
34. glances [ˈglænsəz] - Blicke, die
35. grow [ˈgroʊ] - heranwächst
36. huge [ˈhjuːdʒ] - riesig
37. hundred [ˈhʌndrəd] - hundert
38. incredibly [ˌɪnˈkredəbli] - unglaublich
39. language [ˈlæŋgwədʒ] - Sprache, die
40. length [ˈleŋkθ] - Länge, die
41. lid [ˈlɪd] - Deckel, der
42. meanwhile [ˈmiːˌnwaɪl] - inzwischen
43. menu [ˈmenjuː] - Speisekarte, die
44. nearby [ˈnɪrˈbaɪ] - in der Nähe
45. north [ˈnɔːrθ] - Norden, der
46. nothing [ˈnʌθɪŋ] - nichts
47. pale [ˈpeɪl] - bleich
48. plate [ˈpleɪt] - Teller, der
49. poor [ˈpʊr] - schlecht, arm
50. rare [ˈrer] - selten
51. recently [ˈriːsntli] - vor kurzem
52. restaurant [ˈrestəˌrɑːnt] - Restaurant, das
53. revive [rɪˈvaɪv] - wiederbeleben
54. shaman [ˈʃeɪmən] - Schamane, der
55. shouting [ˈʃaʊtɪŋ] - schreien
56. size [ˈsaɪz] - Größe, die
57. spending [ˈspendɪŋ] - ausgeben
58. stabs [ˈstæbz] - spießt
59. strain [ˈstreɪn] - Anstrengung, die
60. strong [ˈstrɔŋ] - stark
61. sum [ˈsəm] - Betrag, der
62. taste [ˈteɪst] - probieren
63. traditions [trəˈdɪʃnz] - Traditionen, die
64. translation [trænzˈleɪʃn] - Übersetzung, die
65. try [ˈtraɪ] - versuchen
66. uncivilized [ʌnˈsɪvəlaɪzd] - unzivilisiert
67. unusual [ʌˈnjuːʒəwəl] - ungewöhnliche
68. village [ˈvɪlɪdʒ] - Dorf, das
69. waiter [ˈweɪtər] - Kellner, der
70. which [ˈwɪtʃ] - welche

B

Exotic dinner

Exotisches Abendessen

Robert and Elena take a vacation in an Asian country. They like traveling very much. Robert is interested in unusual traditions and customs. And of course they like to learn about the cuisines of different countries. So this time they decide to drop by at the best and most famous local restaurant. It is a quite expensive restaurant but they want to taste the most delicious and interesting dishes, and they don't mind spending money on them. They flip through the menu for a long time. There is no English translation in the menu. But they don't know the local language at all, so they can understand nothing. Robert chooses one of the most expensive dishes - it costs two hundred and twenty dollars.
The chef brings this expensive dish to them himself. He takes off the lid and they see a lot of cut vegetables and leaves on the plate. A huge fat caterpillar, about fifteen

Robert und Elena machen in einem asiatischen Land Urlaub. Sie verreisen sehr gerne. Robert interessiert sich für ungewöhnliche Traditionen und Bräuche. Und sie lernen natürlich auch gerne etwas über die Küchen der verschiedenen Länder. Also entscheiden sie sich diesmal dafür, im besten und berühmtesten örtlichen Restaurant vorbeizuschauen. Es ist ein ziemlich teures Restaurant, aber sie wollen die köstlichsten und interessantesten Gerichte probieren und haben nichts dagegen dafür Geld auszugeben. Sie blättern lange durch die Speisekarte. Es gibt keine englische Übersetzung der Speisekarte. Und sie können die örtliche Sprache überhaupt nicht, daher verstehen sie gar nichts. Robert wählt eines der teuersten Gerichte - es kostet zweihundertzwanzig Dollar.
Der Koch selbst bringt ihnen dieses teure Gericht. Er nimmt den Deckel ab und sie sehen viel geschnittenes Gemüse und Blätter auf dem Teller. Eine riesige fette Raupe, etwa fünfzehn Zentimeter

20

Exotic dinner
Exotisches Abendessen

 A

Words

1. alive [əˈlaɪv] - lebendig
2. alternative [ɔlˈtɚːnətɪv] - Alternative, die
3. Asian [ˈeɪʒn] - asiatisch
4. at last [æt ˈlæst] - schließlich
5. barbarian [barˈberiən] - Barbar, der
6. best [ˈbest] - besten
7. bill [ˈbɪl] - Rechnung, die
8. caterpillar [ˈkætəˌpɪlər] - Raupe, die
9. centimeters [ˈsentəˌmitərz] - Zentimeter, die
10. chef [ˈʃef] - Koch, der
11. chooses [ˈtʃuːzəz] - wählt
12. cost [ˈkɑːst] - kostet
13. country [ˈkʌntri] - Land, das
14. crawling [ˈkrɔlɪŋ] - kriechen
15. cuisine [ˌkwɪˈziːn] - Küche, die
16. customs [ˈkʌstəmz] - Bräuche, die
17. cut [ˈkət] - geschnittenes
18. delicacy [ˈdeləkəsi] - Delikatesse, die
19. didn't [ˈdɪdənt] - machte nicht
20. dollars [ˈdɑːlərz] - Dollar, der
21. drop by [ˈdrɑːp baɪ] - vorbeischauen
22. eating [ˈiːtɪŋ] - essend
23. embarrassment [emˈberəsmənt] - Verlegenheit, die
24. exchange [ɪksˈtʃeɪndʒ] - austauschen
25. excrements [ˈekskrəməntz] - Exkremente, die
26. exotic [ɪgˈzɑːtɪk] - exotisch
27. expect [ɪkˈspekt] - erwartet

28. expensive [ɪkˈspensɪv] - teuer
29. faints [feɪnts] - wird ohnmächtig
30. fat [ˈfæt] - fett
31. fifteen [ˌfɪfˈtiːn] - fünfzehn
32. flip [ˈflɪp] - blättern
33. fork [ˈfɔːrk] - Gabel, die
34. glances [ˈglænsəz] - Blicke, die
35. grow [ˈgroʊ] - heranwächst
36. huge [ˈhjuːdʒ] - riesig
37. hundred [ˈhʌndrəd] - hundert
38. incredibly [ˌɪnˈkredəbli] - unglaublich
39. language [ˈlæŋgwədʒ] - Sprache, die
40. length [ˈleŋkθ] - Länge, die
41. lid [ˈlɪd] - Deckel, der
42. meanwhile [ˈmiːˌnwaɪl] - inzwischen
43. menu [ˈmenjuː] - Speisekarte, die
44. nearby [ˈnɪrˈbaɪ] - in der Nähe
45. north [ˈnɔːrθ] - Norden, der
46. nothing [ˈnʌθɪŋ] - nichts
47. pale [ˈpeɪl] - bleich
48. plate [ˈpleɪt] - Teller, der
49. poor [ˈpʊr] - schlecht, arm
50. rare [ˈrer] - selten
51. recently [ˈriːsntli] - vor kurzem
52. restaurant [ˈrestəˌrɑːnt] - Restaurant, das
53. revive [rɪˈvaɪv] - wiederbeleben
54. shaman [ˈʃeɪmən] - Schamane, der
55. shouting [ˈʃaʊtɪŋ] - schreien
56. size [ˈsaɪz] - Größe, die
57. spending [ˈspendɪŋ] - ausgeben
58. stabs [ˈstæbz] - spießt
59. strain [ˈstreɪn] - Anstrengung, die
60. strong [ˈstrɔŋ] - stark
61. sum [ˈsəm] - Betrag, der
62. taste [ˈteɪst] - probieren
63. traditions [trəˈdɪʃnz] - Traditionen, die
64. translation [trænzˈleɪʃn] - Übersetzung, die
65. try [ˈtraɪ] - versuchen
66. uncivilized [ʌnˈsɪvəlaɪzd] - unzivilisiert
67. unusual [ʌˈnjuːʒəwəl] - ungewöhnliche
68. village [ˈvɪlɪdʒ] - Dorf, das
69. waiter [ˈweɪtər] - Kellner, der
70. which [ˈwɪtʃ] - welche

B

Exotic dinner

Robert and Elena take a vacation in an Asian country. They like traveling very much. Robert is interested in unusual traditions and customs. And of course they like to learn about the cuisines of different countries. So this time they decide to drop by at the best and most famous local restaurant. It is a quite expensive restaurant but they want to taste the most delicious and interesting dishes, and they don't mind spending money on them. They flip through the menu for a long time. There is no English translation in the menu. But they don't know the local language at all, so they can understand nothing. Robert chooses one of the most expensive dishes - it costs two hundred and twenty dollars.
The chef brings this expensive dish to them himself. He takes off the lid and they see a lot of cut vegetables and leaves on the plate. A huge fat caterpillar, about fifteen

Exotisches Abendessen

Robert und Elena machen in einem asiatischen Land Urlaub. Sie verreisen sehr gerne. Robert interessiert sich für ungewöhnliche Traditionen und Bräuche. Und sie lernen natürlich auch gerne etwas über die Küchen der verschiedenen Länder. Also entscheiden sie sich diesmal dafür, im besten und berühmtesten örtlichen Restaurant vorbeizuschauen. Es ist ein ziemlich teures Restaurant, aber sie wollen die köstlichsten und interessantesten Gerichte probieren und haben nichts dagegen dafür Geld auszugeben. Sie blättern lange durch die Speisekarte. Es gibt keine englische Übersetzung der Speisekarte. Und sie können die örtliche Sprache überhaupt nicht, daher verstehen sie gar nichts. Robert wählt eines der teuersten Gerichte - es kostet zweihundertzwanzig Dollar.
Der Koch selbst bringt ihnen dieses teure Gericht. Er nimmt den Deckel ab und sie sehen viel geschnittenes Gemüse und Blätter auf dem Teller. Eine riesige fette Raupe, etwa fünfzehn Zentimeter

centimeters in length, is in the middle. The caterpillar is not only huge, but it is also alive! Elena and Robert look at it in embarrassment. Meanwhile, the caterpillar starts slowly crawling and eating the leaves around itself on the plate. Of course, Elena and Robert didn't expect something like this at all! The chef and the waiter look at the caterpillar, too, and don't go away. A moment of strain follows. Then Robert takes a fork and stabs the caterpillar. He decides to eat it at last. The chef sees it and faints! And the waiter starts shouting loudly in a language they don't understand. Robert understands nothing. At this point another guest of the restaurant approaches them from a nearby table. He explains to Robert in poor English that they do not eat this caterpillar. It's incredibly expensive and it takes more than five years to grow to this size. The excrements of this caterpillar, which appear on the dish when it eats leaves, are considered an expensive delicacy. These excrements of the caterpillar cost two hundred and twenty dollars. Elena and Robert exchange silent glances.
"That's terribly uncivilized!" Robert says.
"Oh, it's not. They now think that you are the barbarian!" another guest says and smiles.
"Because you do not understand this expensive cuisine! Moreover you killed such a rare caterpillar, like a real barbarian!"
At this point a pale waiter comes and brings a bill for the killed caterpillar. Robert looks at the sum in the bill and also turns pale.
"You know," Robert says. "We have been in a very small village in the north of your country recently. There is one excellent, very strong shaman there. Maybe he will agree to try to revive it?.. I think, it's a good alternative.."

lang, ist in der Mitte. Die Raupe ist nicht nur riesig, sondern auch lebendig! Elena und Robert sehen sie verlegen an. Inzwischen beginnt die Raupe langsam zu kriechen und die Blätter um sie herum auf dem Teller zu essen. Elena und Robert haben so etwas natürlich überhaupt nicht erwartet! Der Koch und der Kellner schauen auch auf die Raupe und gehen nicht weg. Ein anstrengender Moment folgt. Dann nimmt Robert eine Gabel und spießt die Raupe auf. Er beschließt schließlich sie zu essen. Der Koch sieht es und wird ohnmächtig! Und der Kellner beginnt laut in einer Sprache zu schreien, die sie nicht verstehen. Robert versteht gar nichts. In diesem Moment kommt ein anderer Gast von einem Tisch in der Nähe von ihnen auf sie zu. Er erklärt Robert in schlechtem Englisch, dass diese Raupe nicht gegessen wird. Sie ist unglaublich teuer und es dauert mehr als fünf Jahre, damit sie auf diese Größe heranwächst. Die Exkremente dieser Raupe, die man auf dem Teller findet, wenn sie die Blätter isst, gelten als teure Delikatesse. Diese Exkremente der Raupe kosten zweihundertzwanzig Dollar. Elena und Robert tauschen schweigsam Blicke aus.

„Das ist fürchterlich unzivilisiert!", sagt Robert.
„Oh, das ist es nicht. Sie denken nun, dass du der Barbar bist!", sagt ein anderer Gast und lächelt.
„Weil du diese teure Küche nicht verstehst! Außerdem hast du diese seltene Raupe getötet, wie ein wirklicher Barbar!"
An dieser Stelle kommt der bleiche Kellner und bringt die Rechnung für die getötete Raupe. Robert schaut den Betrag der Rechnung an und wird auch bleich.
„Wissen Sie", sagt Robert. „Vor kurzem waren wir in einer sehr kleinen Stadt im Norden ihres Landes. Dort gibt es einen hervorragenden, sehr starken Schamanen. Vielleicht ist er einverstanden zu versuchen, sie wieder zum Leben zu bringen?... Ich glaube, das wäre eine gute Alternative..."

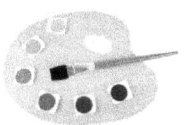

21

High art
Hochkunst

A

Words

1. appearance [əˈpɪrəns] - Erscheinung, die
2. art [ˈɑːrt] - Kunst, die
3. artist [ˈɑːrtəst] - Künstler, der
4. beauty [ˈbjuːti] - Schönheit, die
5. bucket [ˈbʌkət] - Eimer, der
6. candy [ˈkændi] - Bonbon, das
7. clothes [kloʊðz] - Kleidungsstücke, die
8. confusion [kənˈfjuːʒn] - Verwirrung, die
9. contrast [ˈkɑːntræst] - Kontrast, der
10. convincing [kənˈvɪnsɪŋ] - überzeugend
11. deep [ˈdiːp] - tief
12. definitely [ˈdefənətli] - definitiv
13. dirty [ˈdɚːti] - schmutzig
14. either ... or [ˈiːðər ɔːʳ] - entweder ... oder
15. eternity [ɪˈtɚːnəti] - Ewigkeit, die
16. face [ˈfeɪs] - Gesicht, das
17. figures [ˈfɪɡjərz] - Figuren, die
18. forgotten [fərˈɡɑːtn] - vergessen
19. frailness [ˈfreɪlnɪs] - Vergänglichkeit, die
20. garbage [ˈɡɑːrbɪdʒ] - Müll, der
21. impress [ˌɪmˈpres] - beeindrucken
22. incomprehensible [ˌɪnˌkɑːmprəˈhensəbl] - unverständlich
23. inner [ˈɪnər] - innere
24. inside [ˌɪnˈsaɪd] - Innere, das
25. intellect [ˈɪntəˌlekt] - Verstand, der
26. invents [ˌɪnˈvents] - erfindet
27. knowledge [ˈnɑːlədʒ] - Wissen, das
28. landscape [ˈlændˌskep] - Landschaft, die
29. meaning [ˈmiːnɪŋ] - Bedeutung, die
30. metal [ˈmetl] - Metall, das
31. millions [ˈmɪljənz] - Millionen, die
32. mirror [ˈmɪrər] - Spiegel, der
33. mop [ˈmɑːp] - Mopp, der
34. mountain [ˈmaʊntən] - Berg, der
35. museum [mjuːˈziːəm] - Museum, das

36. must [mʌst] - müssen
37. obvious [ˈɑːbviəs] - offensichtlich
38. ordinary [ˈɔːrdəˌneri] - gewöhnlich
39. outward [ˈaʊtwərd] - äußere
40. picture [ˈpɪktʃər] - Bild, das
41. plastic [ˈplæstɪk] - Plastik, das
42. sculpture [ˈskʌlptʃər] - Skulptur, die
43. serious [ˈsɪriəs] - ernst
44. shoes [ˈʃuːz] - Schuhe, die
45. shown [ˈʃoʊn] - gezeigt
46. sighs [ˈsaɪz] - seufzt
47. similar [ˈsɪmələr] - ähnlich
48. soul [soʊl] - Seele, die
49. sounds [ˈsaʊndz] - klingt
50. symbol [ˈsɪmbl] - Symbol, das
51. tall [ˈtɔl] - hoch
52. thoughtfully [ˈθɒtfəli] - nachdenklich
53. throw out [ˈθroʊ aʊt] - wegwerfen
54. uniform [ˈjuːnəˌfɔːrm] - Uniform, die
55. wadding [ˈwɒdɪŋ] - Fütterung, die
56. wisest [ˈwaɪzəst] - weiseste

High art

Hochkunst

One day Robert invites Elena to the Museum of modern art. A new exhibition opens there. Elena likes art very much. She agrees to go to the museum, but she says that she does not understand modern art at all. She considers it too strange. At the exhibition they see a lot of interesting things. Elena stops near a picture, made of plastic forks. She stares at the picture attentively. It looks like a mountain landscape.
"No, it's not my cup of tea," Elena says. "Modern artists are too incomprehensible. Especially when they make their pictures out of such strange things. Look at this picture here. Is it beautiful?" Elena asks. She doesn't like the picture. Robert doesn't understand this art either. But he likes Elena. And he really wants to impress and surprise her with his knowledge. Robert makes a serious face.
"You see," Robert says, "the outward appearance of this picture isn't so beautiful. But you have to see its inner beauty."
"What?" Elena asks in surprise.
"Its inner beauty," Robert repeats. "Some mountains are shown in this picture. After all, mountains stand for millions of years. They are a symbol of eternity," Robert explains, "but they throw out a plastic fork

Eines Tages lädt Robert Elena in das Museum für moderne Kunst ein. Eine neue Ausstellung wird dort eröffnet. Elena hat Kunst sehr gerne. Sie ist einverstanden das Museum zu besuchen, aber sie sagt, dass sie moderne Kunst überhaupt nicht verstehe. Sie hält sie für zu seltsam. In der Ausstellung sehen sie viele interessante Dinge. Elena bleibt bei einem Bild stehen, dass aus Plastikgabeln gemacht wurde. Sie starrt das Bild aufmerksam an. Es sieht aus wie eine Berglandschaft.

„Nein, das ist nicht mein Fall", sagt Elena. „Moderne Künstler sind zu unverständlich. Besonders wenn sie ihre Bilder aus so seltsamen Dingen machen. Sieh dir dieses Bild an. Ist das schön?", fragt Elena. Sie mag das Bild nicht. Robert versteht diese Kunst auch nicht. Aber er mag Elena. Und er möchte sie mit seinem Wissen wirklich beeindrucken und überraschen. Robert macht ein ernstes Gesicht.

„Weißt du", sagt Robert, „die äußere Erscheinung dieses Bildes ist nicht sehr schön. Aber du musst die innere Schönheit sehen."

„Was?", fragt Elena überrascht.
„Die innere Schönheit", wiederholt Robert. „In diesem Bild werden einige Berge gezeigt. Letzten Endes stehen Berge für Millionen von Jahren. Sie sind ein Symbol für die Ewigkeit", erklärt Robert, „aber eine Plastikgabel wird schnell weggeworfen. Sie

quickly. It is a symbol of frailness. There is a very deep meaning in this contrast."
Robert invents all this on the go. It seems to him that it sounds convincing. Elena looks at Robert in embarrassment. Then she looks at the picture and sighs.
"Let's move on," Elena offers.
They go further and see a lot of other strange things. In one room they see a huge metal candy as tall as the ceiling and a sculpture made of old shoes. In another room there are human figures made out of clothes with red wadding inside. And Robert tells Elena something smart about each thing.
"Sometimes these works of art are very similar to ordinary garbage," Elena says.
They go to the next room and see there a mirror in front of which there is a bucket full of dirty water.
"Well, this is too much!" Elena says.
"There is definitely no meaning in it!"
"Oh no-o-o," Robert says thoughtfully.
"There is a very deep meaning in it. It is obvious that this artist is a very smart man."
"Is he?" Elena is surprised.
"Sure," Robert replies, "you know, in a mirror you can see your face. And you can look in this dirty water and see your face, too. The artist wants to say that every soul has a dark side. And we must look at it, too. This is a very important thought. I think, it is the best and the wisest work of art at the whole exhibition," Robert says.
"You're so smart!" Elena says and takes him by the hand. She admires Robert.
At this point a woman in a cleaner's uniform with a mop in her hand enters the room. She approaches the bucket and turns to Elena and Robert.
"Oh, I'm sorry. I have forgotten to take it away," the woman says to them. She takes the bucket and carries it out of the room.
"What did you say?" Elena laughs. "The best work at the exhibition?.."
Robert is silent with confusion. But Elena is still very impressed by his intellect.

symbolisiert Vergänglichkeit. In diesem Kontrast liegt eine sehr tiefe Bedeutung."
Robert erfindet das alles, während er spricht. Es scheint ihm, dass es überzeugend klingt. Elena schaut Robert verlegen an. Dann schaut sie auf das Bild und seufzt.
„Lass uns weitergehen", bietet Elena an.
Sie gehen weiter und sehen viele andere seltsame Dinge. In einem Raum sehen sie ein riesiges Bonbon aus Metall, das so hoch ist wie die Decke, und eine Skulptur, die aus alten Schuhen gemacht wurde. In einem anderen Raum sind Menschenfiguren aus Kleidungsstücken, mit einer roten Wattierung im Inneren. Und Robert erzählt Elena etwas Schlaues über jedes dieser Dinge.
„Manchmal sind diese Kunstwerke gewöhnlichem Müll sehr ähnlich", sagt Elena.
Sie gehen in den nächsten Raum und sehen dort einen Spiegel, vor dem ein Eimer voll mit schmutzigem Wasser steht.
„Also das ist wirklich zu viel!", sagt Elena. „Das hat definitiv keine Bedeutung!"
„Oh, nein, nein", sagt Robert nachdenklich. „Das hat eine sehr tiefe Bedeutung. Es ist offensichtlich, dass dieser Künstler ein sehr intelligenter Mann ist."

„Ist er das?", fragt Elena überrascht.
„Natürlich", antwortet Robert, „weißt du, in einem Spiegel kannst du dein Gesicht sehen. Und du kannst auch in dieses schmutzige Wasser blicken und dein Gesicht sehen. Der Künstler möchte ausdrücken, dass jede Seele eine dunkle Seite hat. Und dass wir sie uns auch ansehen müssen. Das ist ein sehr wichtiger Gedanke. Ich glaube, dass ist das beste und weiseste Kunstwerk der ganzen Ausstellung", sagt Robert.
„Du bist so intelligent!", sagt Elena und nimmt ihn an der Hand. Sie bewundert Robert.
In diesem Moment betritt eine Frau in der Uniform einer Reinigungsfirma und mit einem Mopp in der Hand den Raum. Sie nähert sich dem Eimer und wendet sich an Elena und Robert.
„Oh, es tut mir leid. Ich habe vergessen, ihn mitzunehmen", sagt die Frau zu ihnen. Sie nimmt den Eimer und trägt ihn aus dem Raum.
„Was hast du gesagt?", sagt Elena und lacht. „Das beste Kunstwerk der Ausstellung?..."
Robert schweigt und ist verwirrt. Aber Elena ist immer noch sehr beeindruckt von seinem Verstand.

22

Spring-cleaning
Frühjahrsputz

A

Words

1. accidentally [ˌæksəˈdentli] - versehentlich
2. accurate [ˈækjərət] - genau
3. bonuses [ˈboʊnəsəz] - Bonuszahlungen, die
4. charity [ˈtʃerəti] - Spenden, die
5. clean [ˈkliːn] - sauber
6. cleanliness [ˈklenlinəs] - Sauberkeit, die
7. correct [kəˈrekt] - richtig
8. deputy [ˈdepjəti] - stellvertretender
9. director [dəˈrektər] - Leiter, der
10. dismiss [ˌdɪˈsmɪs] - entlassen
11. dismissal [ˌdɪˈsmɪsl] - Entlassung, die
12. documents [ˈdɑːkjəmənts] - Unterlagen, die
13. dust [ˈdəst] - Staub, der
14. electronics [əˌlekˈtrɑːnɪks] - Elektronik, die
15. ever [ˈevər] - jemals
16. fire [ˈfaɪər] - feuern
17. fired [ˈfaɪərd] - gefeuert
18. form [ˈfɔːrm] - Formular, das
19. mistake [ˌmɪˈsteɪk] - Fehler, der
20. news [ˈnuːz] - Neuigkeiten, die
21. office [ˈɑːfəs] - Büro, das
22. papers [ˈpeɪpərz] - Papiere, die
23. period [ˈpɪriəd] - Zeitraum, der
24. pile [ˈpaɪl] - Stapel, der
25. probation period [proˈbeɪʃn ˈpɪriəd] - Probezeit, die
26. sent [ˈsent] - gerufen
27. talk [ˈtɔːk] - sprechen, reden
28. trucks [ˈtrəks] - Lastwägen, die
29. unfortunately [ʌnˈfɔːrtʃənətli] - unglücklicherweise
30. wipe off [ˈwaɪp ˈɔf] - abwischen

B

Spring-cleaning

Robert studies at a university and works in a small company. The company sells electronics. Robert hasn't worked there for long. The director praises his work. Robert is happy that everything is going well at work. But suddenly the deputy director sends for Robert. Robert is very worried. He doesn't know why he has been sent for. The deputy director gives him his salary and documents. Robert understands nothing.
"I am very sorry to tell you this, but you're fired," the deputy director says.
"But why?" Robert asks.
"Unfortunately, you did not pass the probation period," the deputy director says.
"But the director praises my work!" Robert objects.
"I'm very sorry," the deputy repeats.
Robert takes his documents and things and leaves the office. He is very upset. On his way home he thinks about this dismissal the whole time. It seems to him very strange. But Robert doesn't make it home. Suddenly the director himself calls him. He asks Robert to return to the office and says he wants to talk to him. Robert is surprised. But he agrees and returns to the office. He hopes that good news is waiting for him. He enters the director's office and sees that the director is talking to the cleaning woman.
"Please," he says to the cleaning woman, "do not ever move the papers on my table! Don't even wipe dust off it! Never!"
"But it was dirty," the cleaning woman replies, "after all, I wanted to make it better."
The director sighs and shakes his head.
"Robert," the director says, "your form was on my table. And our cleaning woman accidentally moved it from one pile to another. That is, your form was moved

Frühjahrsputz

Robert studiert an der Universität und arbeitet in einer kleinen Firma. Die Firma verkauft Elektronik. Robert arbeitet noch nicht lange dort. Der Leiter lobt seine Arbeit. Robert freut sich, dass in der Arbeit alles gut läuft. Aber plötzlich lässt der stellvertretenden Leiter Robert rufen. Robert macht sich große Sorgen. Er weiß nicht, warum er gerufen wurde. Der stellvertretende Leiter gibt ihm sein Gehalt und seine Unterlagen. Robert versteht gar nichts.

„Es tut mir sehr leid, Ihnen das mitteilen zu müssen, aber Sie sind gefeuert", sagt der stellvertretende Leiter.
„Aber warum?", fragt Robert.
„Unglücklicherweise haben Sie die Probezeit nicht bestanden", sagt der stellvertretende Leiter.
„Aber der Leiter lobt meine Arbeit!", wendet Robert ein.
„Es tut mir sehr leid", wiederholt der stellvertretende Leiter.
Robert nimmt seine Unterlagen und Dinge und verlässt das Büro. Er ist sehr traurig. Auf dem Heimweg denkt er die ganze Zeit über die Entlassung nach. Es erscheint ihm sehr seltsam. Aber Robert schafft es nicht bis nach Hause. Der Leiter selbst ruft ihn plötzlich an. Er bittet Robert zurück ins Büro zu kommen und sagt ihm, dass er mit ihm sprechen möchte. Robert ist überrascht. Aber er ist einverstanden ins Büro zurückzufahren. Er hofft, dass ihn gute Neuigkeiten erwarten. Er betritt das Büro des Leiters und sieht, dass der Leiter mit der Reinigungskraft spricht.
„Bitte", sagt er zu der Reinigungskraft, „bewegen sie nie wieder die Papiere auf meinem Tisch! Wischen Sie nicht einmal den Staub von ihnen ab! Nie!"
„Aber es war schmutzig", antwortet die Reinigungskraft, „ich wollte es doch nur besser machen."
Der Leiter seufzt und schüttelt den Kopf.
„Robert", sagt der Leiter, „dein Formular war auf meinem Tisch. Und unsere Reinigungskraft hat es versehentlich von einem Stapel auf den anderen gelegt. Das heißt, dein Formular wurde vom Stapel

from the pile for 'Bonuses' to the pile 'To Dismiss'," the director explains, "I'm very sorry that it happened. I hope it will not happen again."
Robert is very glad to hear it. He can't believe his luck.
"So you aren't going to fire me?" Robert asks. The director smiles at Robert.
"No, we aren't going to fire you. Don't worry," the director says. "We are glad to have such an accurate and careful worker."
"Thank you," Robert says, "this is really good news."
"This mistake with your dismissal is easy to correct," the director says, "but the documents of three trucks with electronics were moved from the pile 'Sell' to the pile 'Charity'. Cleanliness is an expensive thing," the director says and looks sadly at his clean table.

‚Bonuszahlungen' auf den Stapel ‚Entlassungen' gelegt", erklärt der Leiter. „Es tut mir sehr leid, dass das passiert ist. Ich hoffe, es kommt nie wieder vor."
Robert freut sich sehr, das zu hören. Er kann sein Glück nicht fassen.
„Also werden Sie mich nicht entlassen?", fragt Robert. Der Leiter lächelt Robert an.
„Nein, wir werden dich nicht entlassen. Mach dir keine Sorgen", sagt der Leiter. „Wir freuen uns, dass wir so einen genauen und sorgfältigen Arbeiter haben."
„Danke", sagt Robert, „das sind wirklich gute Neuigkeiten."
„Der Fehler mit deiner Entlassung ist sehr einfach zu berichtigen", sagt der Leiter, „aber die Unterlagen von den Lastwägen mit Elektronik wurden vom Stapel ‚Verkaufen' auf den Stapel ‚Spenden' gelegt. Sauberkeit ist eine teure Sache", sagt der Leiter und blickt traurig auf seinen sauberen Tisch.

23

Beige taxi
Beiges Taxi

A

Words

1. address [ˈæˌdres] - Adresse, die
2. anger [ˈæŋgər] - Wut, die
3. anywhere [ˈeniˌwer] - irgendwo
4. baggage [ˈbægədʒ] - Gepäck, das
5. beige [ˈbeɪʒ] - beige
6. booking [ˈbʊkɪŋ] - Reservierung, die
7. calmly [ˈkɑːmli] - ruhig
8. carrying [ˈkæriɪŋ] - tragen
9. coincides [ˌkoʊɪnˈsaɪdz] - übereinstimmt
10. confirmed [kənˈfɜːmd] - bestätigt
11. dispatchers [ˌdɪˈspætʃərz] - Vermittlung, die
12. endless [ˈendləs] - endlos
13. entire [enˈtaɪər] - ganz
14. examining [ɪgˈzæmənɪŋ] - überprüft
15. expression [ɪkˈspreʃn] - Ausdruck, der
16. fact [ˈfækt] - Tatsache, die
17. heavy [ˈhevi] - schwer
18. inquires [ˌɪnˈkwaɪərz] - fragt nach
19. loads [loʊdz] - lädt
20. may [ˈmeɪ] - vielleicht
21. nervous [ˈnɜːvəs] - nervös
22. number [ˈnʌmbər] - Kennzeichen, das
23. obligatory [əˈblɪgəˌtɔːri] - verpflichtend
24. Opel [ˈopəl] - Opel, der
25. overcome [ˌoʊvəˈkʌm] - bewältigen

26. patiently [ˈpeɪʃəntli] - geduldig
27. politely [pəˈlaɪtli] - freundlich
28. radio [ˈreɪdiˌoʊ] - Funk, der
29. refuses [rəˈfjuːzəz] - weigert
30. retells [ˌriːˈtelz] - wiederholt
31. somebody [ˈsʌmˌbɑːdi] - irgendjemand
32. taxi service [ˈtæksi ˈsɜːvəs] - Taxiunternehmen, das
33. three o'clock [θriː əˈklɑːk] - drei Uhr
34. told [toʊld] - gesagt
35. train [ˈtreɪn] - Zug, der
36. unpleasant [ʌnˈplezənt] - unerfreulich
37. white [ˈwaɪt] - weiß
38. wonder [ˈwʌndər] - wundert
39. yes [ˈjes] - ja

Beige Taxi

One day Robert decides to go visit his friends. They live in another city and Robert takes a train there. His train arrives there at three o'clock a.m. Robert is there for the first time. He doesn't have a phone number for the taxi services in this city. So he calls his friends and asks them to call a taxi for him to the station. The friends do as he asks. They say that in ten minutes a white 'Opel' will come for him. Robert waits, and really a white 'Opel' comes after ten minutes. The taxi driver puts Robert's baggage in the car and asks where to go. Robert explains that he doesn't know the address. His friends, who called the taxi, should have given the address to the taxi driver.
"My radio works badly here. So I can't get the address," the taxi driver says, "find out the address from your friends, please. And it is obligatory to ask them for the telephone number of the taxi service they called," the taxi driver demands.
"Why?" Robert inquires.
"You see, I work only on booking," the taxi driver replies, "your friends may have called another taxi service. Then it means that another client is waiting for me and I can't take you instead of him."
Robert calls his friends again and wakes them up with his call again. They patiently name the address and the phone number of the taxi service. Robert retells all this to the taxi driver.
"Oh! This is the phone number of another

Beiges Taxi

Eines Tages beschließt Robert seine Freunde zu besuchen. Sie leben in einer anderen Stadt und Robert nimmt den Zug um dorthin zu fahren. Sein Zug kommt dort um drei Uhr morgens an. Robert ist zum ersten Mal dort. Er hat keine Telefonnummer von den Taxiunternehmen dieser Stadt. Also ruft er seine Freunde an und bittet sie, für ihn ein Taxi zum Bahnhof zu rufen. Seine Freunde machen, um was er sie gebeten hat. Sie sagen, dass ihn in zehn Minuten ein weißer Opel abholen wird. Robert wartet und nach zehn Minuten kommt wirklich ein weißer Opel. Der Taxifahrer stellt Roberts Gepäck in das Auto und fragt ihn, wohin er fahren möchte. Robert erklärt, dass er die Adresse nicht weiß. Seine Freunde, die das Taxi gerufen haben, hätten dem Taxifahrer die Adresse geben sollen.
„Mein Funk funktioniert hier nur schlecht. Ich kann also nicht nach der Adresse fragen", sagt der Taxifahrer, „bitte frag deine Freunde nach der Adresse. Und du musst sie auch nach der Telefonnummer des Taxiunternehmens fragen, bei dem sie angerufen haben", fordert der Taxifahrer.
„Warum?", fragt Robert nach.
„Weißt du, ich arbeite nur mit Reservierungen", antwortet der Taxifahrer, „deine Freunde haben vielleicht ein anderes Taxiunternehmen angerufen. Das würde bedeuten, dass ein anderer Kunde auf mich wartet und dass ich nicht dich statt ihm mitnehmen kann."
Robert ruft seine Freunde erneut an und weckt sie mit seinem Anruf erneut auf. Sie nennen ihm geduldig die Adresse und die Telefonnummer des Taxiunternehmens. Robert wiederholt alles für den Taxifahrer.

taxi service. This is not the phone number for my taxi service. Then somebody else called me," the taxi driver says and takes Robert's baggage out of the car. Robert is confused. "Your taxi service may have several different numbers," Robert supposes, "I was told that a white 'Opel' would come for me in ten minutes. And you came exactly in ten minutes. After all, you have a white 'Opel', and there aren't any other taxis here."
"No," the taxi driver says, "it is now clear that another taxi will come for you. The fact is that my 'Opel' isn't white, but beige. And you have to wait for the white one."
Robert looks at his car. It may be beige. But at three o'clock at night, in the dark, it is not easy to see. The taxi driver drives off to the side, stops and waits for his client. And Robert stands alone again near the building of the station. He is cold and he really wants to sleep. Ten minutes more pass, but the white 'Opel' doesn't come. The friends worry and call Robert. They wonder why he is not at their house yet. He explains to them what happened.
In a few minutes they call again and say that the car is already at the place. The taxi service has just confirmed it. Robert goes around all the area of the station, but doesn't find his taxi. Time passes, and it's already half past three. Robert's friends want to go to sleep. They begin to get nervous. They don't understand why Robert can't find his taxi. They call Robert again and tell him the number of the car. It seems to Robert that he is watching an endless and unpleasant dream. He goes around the entire station, carrying the heavy baggage behind him, and examining the numbers of the cars. But there isn't a car with this number anywhere. When suddenly after walking for a long time he finds out that the number coincides with the car number of that taxi driver of beige 'Opel'. Robert is very angry. He comes back to the taxi driver and explains to him all this. He tries his best to speak calmly and politely.
"Hum, just think of it," the taxi driver says and loads Robert's baggage into the car

„Oh! Das ist die Telefonnummer eines anderen Taxiunternehmens. Das ist nicht die Telefonnummer meines Taxiunternehmens. Dann hat mich jemand anderer gerufen", sagt der Taxifahrer und nimmt Roberts Gepäck aus dem Auto. Robert ist verwirrt. „Ihr Taxiunternehmen hat vielleicht verschiedene Nummern", vermutet Robert, „mir wurde gesagt, dass mich ein weißer Opel in zehn Minuten abholen würde. Und Sie sind genau zehn Minuten später gekommen. Außerdem haben Sie einen weißen Opel und es gibt keine anderen Taxis hier."
„Nein", sagt der Taxifahrer, „es ist jetzt klar, dass dich ein anderes Taxi abholen wird. Tatsache ist, dass mein Opel nicht weiß ist, sondern beige. Und dass du hier auf einen weißen warten musst."
Robert sieht sich das Auto an. Es ist vielleicht beige. Aber um drei Uhr nachts, im Dunkeln, ist es nicht einfach etwas zu erkennen. Der Taxifahrer fährt an die Seite, bleibt stehen und wartet auf seinen Kunden. Und Robert steht wieder alleine in der Nähe des Bahnhofgebäudes. Ihm ist kalt und er ist wirklich müde. Zehn weitere Minuten vergehen, aber der weiße Opel kommt nicht. Seine Freunde machen sich Sorgen und rufen Robert an. Sie wundern sich, warum er noch nicht bei ihnen zu Hause ist. Er erklärt ihnen, was passiert ist.
Einige Minuten später rufen sie wieder an und sagen ihm, dass das Auto bereits am Ort wartet. Das Taxiunternehmen hat es gerade bestätigt. Robert geht über das ganze Bahnhofsgelände, aber er kann sein Taxi nicht finden. Die Zeit vergeht und es ist schon halb vier. Roberts Freunde möchten schlafen gehen. Sie werden nervös. Sie verstehen nicht, warum Robert sein Taxi nicht finden kann. Sie rufen Robert noch einmal an und sagen ihm das Kennzeichen des Autos. Robert kommt es so vor, als würde er einen endlosen und unerfreulichen Traum haben. Er geht auf dem gesamten Bahnhof umher, zieht sein schweres Gepäck nach und überprüft die Kennzeichen der Autos. Aber es gibt dort nirgendwo ein Auto mit diesem Kennzeichen. Als er lange umhergelaufen ist, findet er plötzlich heraus, dass das Kennzeichen mit dem Autokennzeichen des Taxifahrers des beigen Opels übereinstimmt. Robert ist sehr wütend. Er geht zurück zum Taxifahrer und erklärt ihm alles. Er gibt sein Bestes um ruhig und freundlich zu sprechen.
„Hum, Sachen gibt's", sagt der Taxifahrer und lädt

again. Robert does his best to overcome anger. After all, he has already walked around the station with heavy suitcase for an hour and didn't let his friends sleep! And just because this person refuses to consider his car white! And to all this he replies "Hum"!
"And how about the fact that your car isn't white, but beige?" Robert asks.
"Yes, it hurts me too, that dispatchers mix it up," the taxi driver answers with a calm expression on his face. "Well, have you confirmed the address?"
Of course Robert doesn't remember the address anymore. He understands that he must call his friends again. And it seems to him, that they aren't glad about his arrival anymore.

Roberts Gepäck wieder in das Auto. Robert gibt sein Bestes um die Wut zu unterdrücken. Er ist schließlich eine Stunde lang mit seinem schweren Koffer am Bahnhof herumgelaufen und hat seine Freunde nicht schlafen lassen! Und das alles, weil sich diese Person weigert ihr Auto als weiß zu betrachten! Und auf all das antwortet er „Hum"!
„Und wie war das mit der Tatsache, dass ihr Auto nicht weiß sondern beige ist?", fragt Robert.
„Ja, es tut mir auch weh, dass die Vermittlung das verwechselt", antwortet der Taxifahrer mit einem ruhigen Ausdruck im Gesicht. „Nun gut, haben Sie die Adresse bestätigt?"
Natürlich kann sich Robert nicht mehr an die Adresse erinnern. Er begreift, dass er seine Freunde noch einmal anrufen muss. Und er nimmt an, dass sie sich über seine Ankunft nicht mehr freuen.

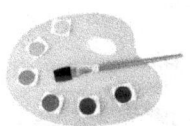

24

Christmas tree
Weihnachtsbaum

A

Words

1. afterwards [ˈæftərwərdz] - später
2. boys [ˈbɔɪz] - Jungs, die
3. bye [baɪ] - tschüß
4. celebration [ˌseləˈbreɪʃn] - Feier, die
5. concludes [kənˈkluːdz] - sagt abschließend
6. conversation [ˌkɑːnvərˈseɪʃn] - Gespräch, das
7. decorations [ˌdekəˈreɪʃnz] - Dekorationen, die
8. delivery service [dəˈlɪvəri sɜːvəs] - Zustelldienst, der
9. difficulty [ˈdɪfɪˌkəlti] - Mühe, die
10. everyone [ˈevriˌwən] - alle, jeder
11. exit [ˈegzət] - Ausgang, der
12. festive [ˈfestɪv] - festlich
13. fireworks [ˈfaɪˌrwərks] - Feuerwerke, die
14. fit [ˈfɪt] - passt
15. foot [ˈfʊt] - Fuß, der
16. loading [ˈloʊdɪŋ] - einladen
17. masks [ˈmæsks] - Masken, die
18. okay [ˌoʊˈkeɪ] - in Ordnung
19. prank [ˈpræŋk] - Streich, der
20. purchases [ˈpɜːtʃəsəz] - Einkäufe, die
21. scissors [ˈsɪzərz] - Schere, die
22. spare time [ˈsper taɪm] - Freizeit, die
23. store [ˈstɔːr] - Laden, der
24. themselves [ðemˈselvz] - sie selbst
25. tie [ˈtaɪ] - binden
26. tightly [ˈtaɪtli] - fest
27. top [ˈtɑːp] - Spitze, die
28. trash [ˈtræʃ] - Müll, der
29. workplace [ˈwɜːkpleɪs] - Arbeitsplatz, der

B

| **Christmas tree** | *Weihnachtsbaum* |

Robert likes to spend his spare time reading books. David likes playing computer games. He also likes playing pranks on his sister and his friends. Robert and David have common interests too. They like family celebrations. Christmas is Robert's and David's favorite celebration. They go to a supermarket to buy a Christmas tree every year. This year Robert and David go to a supermarket together as well.

David buys Christmas gifts for his relatives in the supermarket. Robert buys ew Year's decorations, fireworks, masks and funny surprises. Afterwards they go to choose a Christmas tree. They choose a fine tall tree. Robert and David pick it up and carry it to the exit with difficulty. They pay for the purchases and go to the exit. The boys don't see that a delivery service is nearby. Robert and David begin loading the Christmas tree themselves. The Christmas tree does not fit in the trunk. So they decide to tie it to the top of the car. Robert goes to the store and buys a strong rope. Robert and David put the Christmas tree on the top of the car. They just need to tie it tightly. At this moment Robert's phone rings in the car. Gabi, his sister, calls him. Robert gets into the car and answers the call.
"Hello," he says.
"Hello, Robert!" Gabi says.
"Hello, Gabi! How are you?" Robert replies. David begins tying the New-Year's tree himself. Robert's and Gabi's conversation lasts about three minutes.
"Robert, I have already tied the Christmas tree," David says. "I have to go to work urgently for a minute, so go without me. I'll come in about twenty minutes," David concludes. His workplace is near the supermarket and he wants to go there on foot.
"Okay. Have you tied the Christmas tree tightly?" Robert asks.
"Don't worry. I've tied it well. Bye," David

Robert verbringt seine Freizeit gerne damit Bücher zu lesen. David spielt gerne Computerspiele. Er spielt seiner Schwester und seinen Freunden auch gerne Streiche. Robert und David haben auch gemeinsamen Interessen. Sie mögen Familienfeiern. Weihnachten ist Roberts und Davids Lieblingsfest. Jedes Jahr gehen sie in einen Supermarkt und kaufen einen Weihnachtsbaum. Dieses Jahr gehen Robert und David auch zusammen in einen Supermarkt.

David kauft im Supermarkt Weihnachtsgeschenke für seine Verwandten. Robert kauft Dekorationen für Silvester, Feuerwerke, Masken und lustige Überraschungen. Danach gehen sie einen Weihnachtsbaum aussuchen. Sie wählen einen großartigen, hohen Baum. Robert und David nehmen ihn und tragen ihn mühsam zum Ausgang. Sie zahlen für die Einkäufe und gehen zum Ausgang. Die Jungs sehen keinen Zustelldienst in der Nähe. Robert und David beginnen, den Weihnachtsbaum selbst einzuladen. Der Weihnachtsbaum passt nicht in den Kofferraum. Also beschließen sie, ihn auf das Autodach zu binden. Robert geht in den Laden und kauft ein starkes Seil. Robert und David legen den Weihnachtsbaum auf das Autodach. Sie müssen ihn nur fest anbinden. In diesem Moment klingelt Roberts Handy im Auto. Gabi, seine Schwester, ruft ihn an. Robert steigt in das Auto und hebt ab.
„Hallo", sagt er.
„Hallo, Robert!", sagt Gabi.
„Hallo, Gabi! Wie geht es dir", antwortet Robert. David beginnt, den Baum selbst anzubinden. Roberts und Gabis Gespräch dauert etwa drei Minuten.
„Robert, ich habe den Weihnachtsbaum schon festgebunden", sagt David. „Ich muss schnell für eine Minute in die Arbeit, also fahr schon mal ohne mich. Ich komme in etwa zwanzig Minuten nach", sagt David abschließend. Sein Arbeitsplatz ist nahe beim Supermarkt und er möchte dort zu Fuß hingehen.
„In Ordnung. Hast du den Weihnachtsbaum fest angebunden?", fragt Robert.
„Keine Sorge. Ich habe ihn gut festgebunden. Tschüß", antwortet David, lächelt Robert

replies, smiles slyly to Robert and leaves. Robert drives to David's house. On his way other drivers smile at him. Robert also smiles at them. Everyone has a festive mood today! Robert drives up to David's house. He stops the car. Robert tries to open the door of the car. But the door doesn't open. Now Robert sees that the rope goes through the open windows. He can't get out because David also tied the doors. Robert calls David's parents. David's sister answers the call.
"Yes," Nancy answers the call.
"Nancy, this is Robert. Could you go outside? And bring scissors, please," Robert asks. Nancy goes outside and sees that Robert sits in the car and can't get out. She starts laughing. Besides, she sees a trash can near the car. Robert cuts the rope and gets out of the car. He sees the trash can too. Robert sees that the rope is tied to the trash can. Robert was driving with the trash can behind all way! It is a prank that David played on him when Robert was talking to Gabi!
"Now I see why the drivers smiled!" Robert laughs. He isn't angry with David, but he already knows what prank he will play on him.

verschmitzt an und geht.
Robert fährt zu Davids Haus. Auf dem Weg lächeln die anderen Fahrer ihn an. Robert lächelt sie auch an. Jeder ist heute in einer festlichen Stimmung! Robert fährt bis zu Davids Haus. Er hält das Auto an. Robert versucht die Tür des Autos zu öffnen. Aber die Tür öffnet sich nicht. Jetzt sieht Robert, dass das Seil durch die offenen Fenster gebunden ist. Er kann nicht aussteigen, weil David auch die Türen angebunden hat. Robert ruft Davids Eltern an. Davids Schwester hebt ab.
„Ja", Nancy ist am Hörer.
„Nancy, hier spricht Robert. Könntest du kurz nach draußen kommen? Und bring bitte eine Schere mit", bittet sie Robert. Nancy geht nach draußen und sieht, dass Robert im Auto sitzt und nicht aussteigen kann. Sie beginnt zu lachen. Außerdem sieht sie eine Mülltonne bei dem Auto. Robert schneidet das Seil durch und steigt aus. Er sieht auch die Mülltonne. Robert sieht, dass das Seil an die Mülltonne angebunden ist. Robert ist die ganze Zeit mit der Mülltonne hinter ihm gefahren! David hat ihm einen Streich gespielt, während er mit Gabi gesprochen hat!
„Jetzt verstehe ich, warum die Fahrer gelächelt haben!", sagt Robert und lacht. Er ist nicht wütend auf David, aber er weiß schon, welchen Streich er ihm spielen wird.

25

Big fire
Großes Feuer

A

Words

1. action film [ˈækʃn ˈfɪlm] - Actionfilm, der
2. burns [ˈbɜːnz] - brennt
3. cigarette [ˌsɪɡəˈret] - Zigarette, die
4. cinema [ˈsɪnəmə] - Kino, das
5. cinema hall [ˈsɪnəmə ˈhɔl] - Kinosaal, der
6. comfortably [ˈkʌmfərtəbli] - bequem
7. darling [ˈdɑːrlɪŋ] - Schatz, der
8. enjoy [enˌdʒɔɪ] - genießen
9. faucet [ˈfɔsət] - Wasserhahn, der
10. fault [ˈfɔlt] - Schuld, die
11. film [ˈfɪlm] - Film, der
12. flood [ˈfləd] - Überschwemmung, die
13. forgive [fərˈɡɪv] - vergeben
14. forgot [fərˈɡɑːt] - vergaß
15. influence [ˈɪnfluːəns] - Einfluss, der
16. iron [ˈaɪərn] - Bügeleisen, das
17. movie [ˈmuːvi] - Film, der
18. photos [ˈfoʊtoʊz] - Fotos, die
19. scene [ˈsiːn] - Szene, die
20. settles down [ˈsetlz daʊn] - es sich bequem machen
21. spend [ˈspend] - verbringen
22. switch off [ˈswɪtʃ ˈɔf] - ausschalten
23. uneasy [ʌˈniːzi] - unruhig
24. valuable [ˈvæljʊəbl] - wertvoll
25. wife [ˈwaɪf] - Ehefrau, die

B

Big fire

David and Nancy's parents usually spend their weekends at home. But today Linda and Christian are going to the cinema. Christian locks the door. There is nobody at home. David and Nancy went to visit Robert and Gabi.

Linda and Christian come into the cinema hall and take their sits. The movie begins. It's an action movie. Linda and Christian like action movies. Suddenly Linda says: "Darling! It seems to me that you forgot to put out a cigarette at home."
"It just seems to you. Everything is okay. Calm down and enjoy the film," Christian replies quietly to his wife.
"Yes, you're right, Christian," Linda says. She settles down comfortably in the chair, smiles and watches the film. But suddenly a fire scene appears in the film. Linda cries out: "Christian! What if I forgot to switch off the iron?"
"Linda, the film has a bad influence on you!" Christian says. Linda tries to calm down. But it does not last long. She says again:
"Christian, why can't you understand? Fire burns everything - documents, money, photos, valuable things! I can't sit here anymore!" Linda gets up and goes to the exit. Christian runs after her. They take a taxi and go home. Christian is very upset. He wanted to spend this evening with his wife watching an interesting film.
"Linda, I am sorry, but sometimes you spoil everything! I wanted to watch a film with you so much and then walk in the city at night, go to a café!" Christian says. Linda feels guilty.
"Forgive me, Christian! I just feel very uneasy," Linda says to her husband. Christian is pleased that his wife admits her fault. They arrive at their house and get out of the car.
"Christian!" Linda cries. They look at their house. And what they see? In front of the

Großes Feuer

Die Eltern von David und Nancy verbringen das Wochenende normalerweise zu Hause. Aber heute gehen Linda und Christian ins Kino. Christian schließt die Tür. Es ist niemand zu Hause. David und Nancy sind Robert und Gabi besuchen gegangen.

Linda und Christian gehen in den Kinosaal und setzen sich. Der Film beginnt. Es ist ein Actionfilm. Linda und Christian mögen Actionfilme. Plötzlich sagt Linda: „Schatz! Ich glaube, dass du zu Hause vergessen hast eine Zigarette auszumachen."
„Das glaubst du nur. Alles ist in Ordnung. Beruhige dich und genieß den Film", antwortet Christian ruhig seiner Frau.

„Ja, du hast recht, Christian", sagt Linda. Sie macht es sich in ihrem Stuhl bequem, lächelt und schaut den Film. Aber plötzlich gibt es eine Feuerszene im Film. Linda schreit: „Christian! Was ist, wenn ich vergessen habe, das Bügeleisen auszuschalten?"

„Linda, der Film tut dir nicht gut!", sagt Christian. Linda versucht sich zu beruhigen. Aber es dauert nicht lange. Sie sagt noch einmal: „Christian, warum kannst du das nicht verstehen? Feuer verbrennt alles - Unterlagen, Geld, Fotos, Wertsachen! Ich kann hier nicht länger sitzen bleiben!" Linda steht auf und geht zum Ausgang. Christian rennt ihr nach. Sie nehmen ein Taxi und fahren nach Hause. Christian ist sehr traurig. Er wollte den Abend damit verbringen, einen interessanten Film mit seiner Frau zu sehen.
„Linda, es tut mir leid, aber manchmal ruinierst du alles! Ich habe mich sehr darauf gefreut einen Film mit dir anzusehen, dann mit dir in der Stadt nachts spazieren zu gehen und in ein Café zu gehen!", sagt Christian. Linda fühlt sich schuldig.
„Vergib mir, Christian! Ich bin nur so unruhig", sagt Linda zu ihrem Ehemann. Christian freut sich, dass seine Ehefrau ihren Fehler zugibt. Sie kommen bei ihrem Haus an und steigen aus dem Auto.
„Christian!", schreit Linda. Sie schauen auf ihr Haus. Und was sehen sie? Vor dem Haus stehen ein

house there is a fire truck and several policemen. Christian and Linda run into the house. There isn't a fire, but a flood! Linda forgot to turn off a faucet, when she went out with her husband to the cinema.

Feuerwehrwagen und einige Polizisten. Christian und Linda rennen in das Haus. Dort ist kein Feuer, aber eine Überschwemmung! Linda hatte vergessen einen Wasserhahn abzudrehen, als sie mit ihrem Ehemann ins Kino ging.

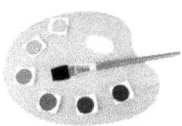

26

Beware of angry dog!
Vorsicht, wütender Hund!

A

Words

1. acquaintance [əˈkweɪntəns] - Bekannte, der
2. bark [ˈbɑːrk] - bellen
3. barking [ˈbɑːrkɪŋ] - bellend
4. chain [ˈtʃeɪn] - Kette, die
5. chill [ˈtʃɪl] - Schauder, der
6. crashed [ˈkræʃt] - gekracht
7. dials [ˈdaɪəlz] - wählt
8. disciplined [ˈdɪsəplənd] - diszipliniert
9. doghouse [ˈdɔɡˌhɑːws] - Hundehütte, die
10. gate [ˈɡeɪt] - Tor, das
11. knowing [ˈnoʊɪŋ] - wissend
12. medical [ˈmedəkl] - medizinisch
13. meters [ˈmiːtərz] - Meter, die
14. nevertheless [ˌnevərðəˈles] - trotzdem
15. rubber [ˈrʌbər] - Gummi, der
16. rushed [ˈrəʃt] - losgestürzt
17. saw [ˈsɔ] - gesehen
18. strangely [ˈstreɪndʒli] - seltsam
19. stretch [ˈstretʃ] - dehnen
20. strongly [ˈstrɔŋli] - stark
21. temper [ˈtempər] - Temperament, das
22. temporary [ˈtempəˌreri] - vorübergehend
23. thread [ˈθred] - Faden, der
24. threw [ˈθruː] - geworfen
25. tore [ˈtɔːr] - zerriss
26. tourniquet [tərnɪkət] - Tourniquet, das
27. unusually [ʌˈnjuːʒəwəli] - ungewöhnlich
28. using [ˈjuːzɪŋ] - verwendet

B

Beware of angry dog!

One day, Robert goes to visit his acquaintance. He has a big dog at home. The dog is usually tied to a chain near its doghouse. The notice on the gate "Beware of angry dog" is completely true. Knowing the dog's temper, Robert stops far away from the gate and dials the acquaintance's phone number. He wants his acquaintance to go out and hold his dog. Then Robert can quickly go in the house.

The dog nevertheless hears Robert and runs from the doghouse to bark. Even though Robert is separated from the dog by a fence, he feels a chill inside - the huge dog is tied only to a thin rope, almost a thread…

But the dog behaves strangely this time. It runs to Robert but looks back at the rope all the time. It runs to a place, where the rope stretches a little, and stops. And only then it starts barking loudly at Robert. His acquaintance comes out and holds the dog back. Robert and his acquaintance go into the house.

"Why is it so unusually disciplined?" Robert asks. "Before, it almost tore the chain - it rushed to attack so strongly."

"Not only the chain," Robert's acquaintance replies. "What haven't I tied it with? I tried everything. When it tore the last strong chain, there wasn't anything any more with which to tie it. I only had a medical rubber tourniquet. Well, I thought, I'll tie it temporary till I go to a store for a new chain. I tied it and just then a neighbor came by. So, the dog as always rushed barking. But this time the rubber tourniquet stretched and then threw the dog back by about three meters! It crashed into the doghouse. Then the same happened a few more times. The next day I saw that the dog became careful. It watched all the time that the tourniquet didn't stretch. I didn't

Vorsicht, wütender Hund

Eines Tages geht Robert seinen Bekannten besuchen. Er hat einen großen Hund zu Hause. Der Hund ist normalerweise neben seiner Hundehütte angekettet. Der Hinweis auf dem Tor „Vorsicht, wütender Hund" ist wirklich wahr. Robert kennt das Temperament des Hundes, deshalb bleibt er weit entfernt vom Tor stehen und wählt die Telefonnummer seines Bekannten. Er möchte, dass sein Bekannter herauskommt und den Hund festhält. Dann kann Robert schnell in das Haus gehen.

Der Hund hört Robert trotzdem und kommt aus der Hundehütte um zu bellen. Obwohl Robert durch einen Zaun vom Hund getrennt ist, fühlt er ein Schaudern - der riesige Hund hängt nur an einer dünnen Leine, beinahe einem Faden ...

Aber der Hund verhält sich dieses Mal seltsam. Er rennt zu Robert, aber schaut die ganze Zeit zurück auf die Leine. Er rennt, bis sich die Leine ein wenig dehnt, und bleibt dann stehen. Und erst dann beginnt er Robert laut anzubellen. Sein Bekannter kommt aus dem Haus und hält den Hund zurück. Robert und sein Bekannter gehen in das Haus.

„Warum ist er so ungewöhnlich diszipliniert?", fragt Robert. „Früher hat er die Kette beinahe zerrissen - so heftig ist er losgestürzt um zu attackieren."

„Nicht nur die Kette", antwortet Robert Bekannter, „mit was habe ich ihn nicht festgebunden? Ich habe alles versucht. Als er die letzte starke Kette zerrissen hat, hatte ich nichts mehr, um ihn festzubinden. Ich hatte nur noch ein medizinisches Tourniquet aus Gummi. Ich dachte mir, gut, ich werde ihn vorübergehend damit festbinden, bis ich in einen Laden gehe, um eine neue Kette zu kaufen. Ich habe ihn festgebunden und dann kam ein Nachbar vorbei. Also ist der Hund wie immer bellend losgestürzt. Aber dieses Mal hat sich das Tourniquet aus Gummi gedehnt und hat dann den Hund etwa drei Meter zurückgeworfen! Er ist in die Hundehütte gekracht. Das gleiche ist noch ein paar Mal passiert. Am nächsten Tag habe ich gesehen, dass der Hund vorsichtiger wurde. Er hat die ganze Zeit darauf aufgepasst, dass sich das Tourniquet nicht dehnt. Ich hatte keine Zeit eine neue Kette zu kaufen. Und meine

have time to go for a new chain. And my mom recently needed the tourniquet. I took it off and gave it to her. I have been using this thin rope for several days already. But the dog became careful!"

Mutter hat das Tourniquet vor kurzem gebraucht. Ich habe es abgenommen und ihr gegeben. Ich habe diese dünne Leine schon sein einigen Tagen verwendet. Aber der Hund ist vorsichtiger geworden!

27

Mars's mistake
Der Fehler von Mars

A

Words

1. appear [əˈpɪr] - erscheinen
2. armchair [ˈɑːrmˌtʃer] - Lehnstuhl, der
3. be lucky [bi ˈlʌki] - Glück haben
4. carpet [ˈkɑːrpət] - Teppich, der
5. caught [ˈkɔːt] - gefangen
6. cord [ˈkɔːrd] - Kabel, das
7. electric [əˈlektrɪk] - elektrisch
8. ended [ˈendəd] - ausgegangen
9. executioner's [ˌeksəˈkjuːʃənərz] - Scharfrichter, der
10. file [ˈfaɪl] - Datei, die
11. forgiven [fərˈgɪvn] - vergeben
12. household [ˈhaʊshoʊld] - Haushalt, der
13. hurricane [ˈhɜːrəˌken] - Hurrikan, der
14. Mars [ˈmɑːrz] - Mars
15. medieval [məˈdiːvl] - mittelalterlich
16. option [ˈɑːpʃn] - Möglichkeit, die
17. paw [ˈpɔ] - Pfote, die
18. peace [ˈpiːs] - Friede, der
19. plug [ˈpləg] - Stecker, der
20. pushing [ˈpʊʃɪŋ] - drücken
21. screen [ˈskriːn] - Bildschirm, der
22. seldom [ˈseldəm] - selten
23. sensible [ˈsensəbl] - vernünftig
24. socket [ˈsɑːkət] - Steckdose, die
25. succeeds [səkˈsiːdz] - hat Erfolg
26. successfully [səkˈsesfəli] - erfolgreich
27. under [ˈʌndər] - unter

B

Mars's mistake

One evening, David is sitting on a couch and reading a magazine. His mom is sitting nearby at the computer and doing some work. Peace and quiet… And here the cat Mars rushes into the room. It is a real household hurricane! In just five seconds it runs around the room three times, climbs on a carpet, jumps off there directly on David, then gets under the couch, gets out of there, shakes himself off and does a hundred other not very sensible things. Then the cat sits down in a middle of the room and thinks - what else should it do? Playing with someone from the family is not an option right now. At this point the cat notices a computer electric cord. The cat jumps on an armchair and starts playing with the electric cord. Before David has time to do anything, the cat manages to finish the task it has started. The electric plug goes a little out of the socket. And… the computer turns off! David's mother looks at the black screen and does not realize what's going on. Suddenly she remembers that she saved a file on the computer two hours ago. Then Linda slowly turns to the cat and a medieval executioner's smile starts to appear on her face. The cat begins feeling that the end of its happy life is coming. But it has meowed so little, it has caught so few mice, it has played so seldom with the neighbor cat Fedora. And then Mars turns to the plug that isn't completely out of the socket, and with its paw starts pushing it back into the socket. It probably hopes that if it can fix everything, it will be forgiven. And it succeeds! The plug goes into its place and the computer turns on! Mars quickly leaves the room and lies down by a window in the kitchen. It looks at the street and probably thinks it must be lucky that everything ended so successfully.

Der Fehler von Mars

Eines Abends sitzt David auf dem Sofa und ließt eine Zeitschrift. Seine Mutter sitzt in der Nähe am Computer und erledigt ein bisschen Arbeit. Es ist ruhig und still... Und dann kommt der Kater Mars in das Zimmer gestürzt. Er ist ein wirklicher Hurrikan im Haushalt! In nur fünf Sekunden rennt er drei Mal durch das Zimmer, klettert auf einen Teppich, springt von dort direkt zu David, rennt dann unter das Sofa, kommt wieder hervor, schüttelt sich und macht hundert andere nicht sehr vernünftige Dinge. Dann sitzt der Kater in der Mitte des Zimmers und überlegt - was sollte er sonst noch machen? Mit jemandem aus der Familie zu spielen ist gerade nicht möglich. In diesem Moment bemerkt der Kater das Stromkabel des Computers. Der Kater springt auf einen Lehnstuhl und beginnt mit dem Stromkabel zu spielen. Bevor David irgendetwas unternehmen kann, gelingt es dem Kater die Aufgabe zu beenden, die er angefangen hat. Der Stromstecker kommt ein Stück aus der Steckdose. Und... der Computer schaltet sich aus! Davids Mutter schaut auf den schwarzen Bildschirm und merkt nicht, was gerade passiert. Plötzlich erinnert sie sich daran, dass sie die Datei vor zwei Stunden auf dem Computer gespeichert hat. Dann dreht sich Linda langsam in Richtung des Katers und man kann das Lächeln eines mittelalterlichen Scharfrichters in ihrem Gesicht erkennen. Der Kater beginnt zu fühlen, dass das Ende seines glücklichen Lebens naht. Aber er hat so wenig miaut, hat so wenige Mäuse gefangen, hat so selten mit der Nachbarkatze Fedora gespielt. Und dann dreht sich Mars zu dem Stecker, der nicht ganz aus der Steckdose gerutscht ist, und beginnt ihn mit seiner Pfote wieder in die Steckdose zu drücken. Er hofft wahrscheinlich, dass ihm vergeben wird, wenn er alles reparieren kann. Und er hat Erfolg! Der Stecker steckt in der Steckdose und der Computer schaltet sich ein! Mars verlässt schnell das Zimmer und legt sich neben ein Fenster in der Küche. Er schaut auf die Straße und denkt wahrscheinlich, dass er sehr viel Glück hatte, dass alles so erfolgreich ausgegangen ist.

28

Cutting in line
Sich vordrängeln

A

Words

1. addresses [ˈædrəsəz] - spricht an
2. against [əˈgenst] - gegen
3. angrily [ˈæŋgrəli] - wütend
4. apologize [əˈpɑːləˌdʒaɪz] - sich entschuldigen
5. bread [ˈbred] - Brot, das
6. cash [ˈkæʃ] - Bargeld, das
7. cash register [ˈkæʃ ˈredʒəstər] - Kasse, die
8. chap [ˈtʃæp] - Kerl, der; Junge, der
9. cheese [ˈtʃiːz] - Käse, der
10. circumstances [ˈsɜːkəmˌstænsəz] - Umstände, die
11. convenience store [kənˈviːnjəns ˈstɔːr] - Laden an der Ecke
12. cutting the line [ˈkʌtɪŋ ði: laɪn] - sich vordrängen
13. explanation [ˌekspləˈneɪʃn] - Erklärung, die
14. former [ˈfɔːrmər] - früherer
15. impudence [ˈɪmpjʊdəns] - Unverschämtheit, die

16. juice [ˈdʒuːs] - Saft, der
17. kilogram [ˈkɪləˌgræm] - Kilogramm, das
18. loaf [loʊf] - Laib, der
19. manager [ˈmænədʒər] - Geschäftsführer, der
20. mister [ˈmɪstər] - Herr, der
21. modest [ˈmɑːdəst] - bescheiden
22. organization [ˌɔːrgənəˈzeɪʃn] - Organisation, die
23. outraged [ˈaʊˌtredʒd] - empört
24. proudly [ˈpraʊdli] - stolz
25. revenge [rɪˈvendʒ] - Rache, die
26. risk [ˈrɪsk] - Risiko, das
27. said [ˈsed] - gesagt
28. saleswoman [ˈseɪlˌzwʊmən] - Verkäuferin, die
29. samples [ˈsæmplz] - Proben, die
30. sausage [ˈsɔsədʒ] - Wurst, die
31. schoolmate [ˈskuːlˌmet] - Schulfreund, der
32. since [ˈsɪns] - seit
33. sold [soʊld] - verkauft
34. stepped [ˈstept] - stieg
35. supervising [ˈsuːpərˌvaɪzɪŋ] - überwachend
36. supports [səˈpɔːrts] - gibt Halt, hält fest
37. those [ðoʊz] - diese
38. tomato [təˈmeɪˌtoʊ] - Tomate, die

B

Cutting in line

Sich vordrängeln

One day, David goes into a convenience store to buy some sausage and cheese. There are a lot of people in the store. David takes a place in the Line and looks around. David's former schoolmate, Michael, enters the store and goes right to the cash register, without paying any attention to the Line. Michael was a modest boy at school. If somebody stepped on his foot, he was the one who apologized. He has not changed since then, and if he decided to jump the Line, then the circumstances are very serious for sure. Having apologized to the Line several times, Michael addresses the saleswoman by name: "Julia, give me a kilogram of sausage, a loaf of bread and a pack of tomato juice, please."

Surprised for a moment by such impudence, the Line gets outraged with Michael. Michael says "I'm sorry" or "I apologize" to every phrase said against him. When he apologizes once more and walks away from the Line, people talk to the saleswoman demanding an explanation.

"Hello, Michael!" David says to him with a smile. "How are you, old chap?"

"David!" Michael says. "Hello, my dear! Long time no see!"

But people in the Line do not calm down. A

Eines Tages geht David in den Laden an der Ecke um Wurst und Käse zu kaufen. Es sind viele Leute im Laden. David stellt sich in der Schlange an und sieht sich um. Davids früherer Schulfreund, Michael, betritt den Laden und geht direkt zur Kasse, ohne die Schlange zu beachten. Michael war ein bescheidener Junge in der Schule. Wenn jemand auf seinen Fuß stieg, war er es, der sich entschuldigte. Er hatte sich seitdem nicht verändert und wenn er beschloss, sich vorzudrängen, dann mussten die Umstände sehr ernst sein. Er hatte sich mehrmals bei den Leuten in der Schlange entschuldigt und spricht nun die Verkäuferin mit ihrem Namen an: „Julia, gib mir ein Kilogramm Wurst, einen Laib Brot und eine Packung Tomatensaft, bitte."

Überrascht von dieser Unverschämtheit, zeigen sich die Leute in der Schlange empört über Michael. Michael antwortet „Es tut mir leid" oder „Entschuldigung" auf jeden Satz, der gegen ihn gerichtet ist. Als er sich noch einmal entschuldigt und von der Schlange weggeht, reden die Leute mit der Verkäuferin und fordern eine Erklärung.

„Hallo, Michael!", sagt David zu ihm und lächelt. „Wie geht es dir, alter Junge?"

„David!", sagt Michael. „Hallo, mein Lieber! Lange nicht gesehen!"

Aber die Leute in der Schlange beruhigen sich

little old woman demands the manager.
"Mister manager," the saleswoman says to David's former schoolmate, "they are demanding you!"
"Although you're the manager, you still don't have the right to break the rules!" the old woman cries angrily. She hits Michael's leg with her bag and proudly leaves the store. David supports Michael so that he does not fall. They look at the other people in the Line with caution. But those are satisfied with the old woman's revenge and turn away from them.
"A supervising organization urgently demands samples of some of the food sold in our store," Michael explains to David. "I didn't think I would take a risk when I asked the saleswoman to give me these samples."

nicht. Eine kleine alte Frau verlangt den Geschäftsführer.
„Herr Geschäftsführer", sagt die Verkäuferin zu Davids früherem Schulfreund, „man verlangt nach Ihnen!"
„Auch wenn Sie der Geschäftsführer sind, haben Sie trotzdem kein Recht, die Regeln zu brechen!", schreit die alte Frau wütend. Sie schlägt Michaels Bein mit ihrer Tasche und verlässt stolz den Laden. David hält Michael fest, damit er nicht umfällt. Sie sehen die anderen Leute in der Schlange mit Vorsicht an. Aber die sind mit der Rache der alten Frau zufrieden und drehen sich von ihnen weg.
„Eine Kontrollfirma fordert dringend Proben von Nahrungsmitteln, die in unserem Laden verkauft werden", erklärt Michael David. „Ich dachte mir nicht, dass ich ein Risiko eingehen würde, indem ich die Verkäuferin bitte, mir diese Proben zu geben."

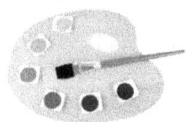

29

Seat number thirteen
Sitzplatz Nummer dreizehn

A

Words

1. account [əˈkaʊnt] - Account, der
2. acquaintance [əˈkweɪntəns] - Bekannte, der
3. army [ˈɑːrmi] - Heer, das
4. bus [ˈbəs] - Bus, der
5. calling [ˈkɔlɪŋ] - ruft gerade an
6. cannot [ˈkænɑt] - kann nicht
7. charge [ˈtʃɑːrdʒ] - aufladen
8. connection [kəˈnekʃn] - Verbindung, die
9. cry [ˈkraɪ] - weinen
10. deletes [dɪˈliːts] - löscht
11. departs [dəˈpɑːrts] - fährt ab
12. exercise [ˈeksərˌsaɪz] - Übung, die
13. gladly [ˈglædli] - erfreut
14. joining [ˌdʒɔɪnɪŋ] - beitretend
15. kisses [ˈkɪsəz] - küsst
16. laptop [ˈlæpˌtɑːp] - Laptop, der
17. light [ˈlaɪt ʌp] - aufleuchten
18. log out [lɔːg aʊt] - ausloggen
19. marry [ˈmeri] - heiraten
20. message [ˈmesədʒ] - Nachricht, die
21. pass [ˈpæs] - vergehen
22. post [poʊst] - posten
23. profile [ˈproʊfaɪl] - Profil, das
24. ringing [ˈrɪŋɪŋ] - läuten
25. seat [ˈsiːt] - Sitzplatz, der
26. sentences [ˈsentənsəz] - Sätze, die
27. Spanish [ˈspæˌnɪʃ] - Spanisch
28. study [ˈstʌdi] - lernen
29. tablet [ˈtæblət] - Tablet, das
30. text [ˈtekst] - Text, der
31. textbook [ˈtekstˌbʊk] - Arbeitsbuch, das
32. thirteen [ˈθɜːˈtiːn] - dreizehn
33. tram [ˈtræm] - Straßenbahn, die
34. translate [trænzˈleɪt] - übersetzen
35. tunnel [ˈtʌnl] - Tunnel, der
36. Twitter [ˈtwɪtər] - Twitter
37. unexpectedly [ˌʌnɪkˈspektədli] - unerwartet
38. waste [ˈweɪst] - vergeuden
39. worried [ˈwɜːrid] - besorgt
40. yesterday [ˈjestərˌdi] - gestern

B

Seat number thirteen

Robert is going to visit his friend Elena. He doesn't let her know because he wants to come unexpectedly. He wants to ask her to marry him.
Robert buys a bus ticket. It takes two hours to get there. Robert doesn't want to waste this time. He takes a textbook with him. He wants to study Spanish.
Robert gets on the bus. He has seat number thirteen. A man sits down next to him. The bus departs from the station. Robert takes out his textbook. He begins doing the first exercise. Robert has to translate a text. He translates only two sentences, when his phone starts ringing. This is David calling.
"Hi Robert. Is it true?" David asks.
"Yes, it is true," Robert answers. "Well… how did you find out about it?"
"I read it on Twitter. It's great! It's pity we won't see each other soon. I wish you good luck!" David says and finishes the conversation.
Robert doesn't understand. Why won't we see each other soon? He also did not post on Twitter that he was going to ask Elena to marry him. Robert takes out the textbook again. He tries to study Spanish. About fifteen minutes pass. The phone rings again. Lena's phone number is on the screen.
"Hi Robert," Lena says.
"Hi Lena," Robert answers.
"Why didn't you tell me?" Elena begins to cry. "I will wait for you…"
The bus goes into a tunnel and the connection breaks. Robert is confused. He looks at the textbook, but cannot study. He thinks about the strange calls. Then he sees the number thirteen on his seat. Robert feels uneasy. He takes out the phone to call Elena. The telephone screen does not light up. Robert forgot to charge it.
The bus arrives in Elena's city an hour later. Robert goes out to the station and takes a

Sitzplatz Nummer dreizehn

Robert fährt seine Freundin Elena besuchen. Er sagt ihr nicht Bescheid, weil er unerwartet kommen will. Er möchte sie fragen, ob sie ihn heiraten will.
Robert kauft eine Fahrkarte für den Bus. Die Fahrt dorthin dauert zwei Stunden. Robert möchte seine Zeit nicht vergeuden. Er nimmt ein Arbeitsbuch mit. Er möchte Spanisch lernen.
Robert steigt in den Bus. Er hat Sitzplatz Nummer dreizehn. Ein Mann setzt sich neben ihn. Der Bus fährt vom Busbahnhof ab. Robert nimmt sein Arbeitsbuch heraus. Er beginnt mit der ersten Übung. Robert muss einen Text übersetzen. Er übersetzt nur zwei Sätze, dann beginnt sein Handy zu läuten. David ruft gerade an.
„Hallo, Robert. Ist es wahr?", fragt David.
„Ja, es ist wahr", antwortet Robert. „Also… wie hast du davon erfahren?"
„Ich habe es auf Twitter gelesen. Es ist großartig! Es ist schade, dass wir uns länger nicht sehen. Ich wünsche dir viel Glück!", sagt David und beendet das Gespräch.
Robert versteht nichts. Warum werden sie sich länger nicht sehen? Er hat auch nicht auf Twitter gepostet, dass er zu Elena fährt, um sie zu bitten, ihn zu heiraten. Robert nimmt sein Textbuch wieder heraus. Er versucht Spanisch zu lernen. Es vergehen ungefähr fünfzehn Minuten. Das Handy läutet noch einmal. Lenas Telefonnummer erscheint auf dem Bildschirm.
„Hallo, Robert", sagt Lena.
„Hallo, Lena", antwortet Robert.
„Warum hast du mir nichts davon erzählt?", sagt Elena und beginnt zu weinen. „Ich werde auf dich warten…"
Der Bus fährt in einen Tunnel und die Verbindung wird unterbrochen. Robert ist verwirrt. Er schaut in sein Arbeitsbuch, aber er kann nicht lernen. Er denkt an die seltsamen Anrufe. Dann sieht er die Zahl dreizehn auf seinem Sitzplatz. Robert wird unruhig. Er nimmt sein Handy heraus, um Elena anzurufen. Der Bildschirm des Handys leuchtet nicht auf. Robert hat vergessen es aufzuladen.
Der Bus kommt eine Stunde später in Elenas Stadt

tram to Elena's house. He comes to her house unexpectedly and Lena is very worried.
"Hi Lena," he says and hugs her.
"Hi Robert," Elena answers. She is glad that Robert came. She kisses him.
"Why did you tell me you would wait for me?" Robert asks. "Wait for me to return from where?"
"I read on Twitter that you are going to join the army," she says.
Robert recalls that yesterday evening he wrote something on Twitter on his acquaintance's tablet and forgot to log out of his profile. Robert understands that his acquaintance played a prank. He asks Lena to switch on her laptop. He goes into his account and deletes the message "I am going to join the army." Robert and Elena laugh. Robert calls David and tells him all this story. He also says that Lena agreed to marry him.
"I am really glad that you are going to get married instead of joining the army!" David says gladly.

an. Robert verlässt den Busbahnhof und nimmt die Straßenbahn zu Elenas Haus. Er kommt unerwartet zu ihrem Haus und Lena ist sehr besorgt.
„Hallo, Lena", sagt er und umarmt sie.
„Hallo, Robert", antwortet Elena. Sie freut sich, dass Robert gekommen ist. Sie küsst ihn.
„Warum hast du mir gesagt, dass du auf mich warten würdest?", fragt Robert. „Auf mich warten um von wo zurückzukommen?"
„Ich habe auf Twitter gelesen, dass du dem Heer beitreten willst", sagt sie.
Robert erinnert sich, dass er gestern Abend auf dem Tablet seines Bekannten etwas auf Twitter gepostet hat, und dass er vergessen hat, sich aus seinem Account auszuloggen. Robert merkt, dass sein Bekannter ihm einen Streich gespielt hat. Er bittet Lena, ihren Laptop einzuschalten. Er loggt sich in seinen Account ein und löscht die Nachricht „Ich werde dem Heer beitreten". Robert und Elena lachen. Robert ruft David an und erzählt ihm die ganze Geschichte. Er erzählt ihm auch, dass Lena zugestimmt hat, ihn zu heiraten.
„Ich freue mich sehr, dass du heiraten wirst statt dem Heer beizutreten!", sagt David erfreut.

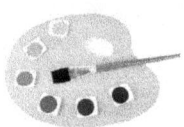

30

Homework
Hausaufgabe

A

Words

1. afternoon [ˌæftərˈnuːn] - Nachmittag
2. awfully [ˈɑːfli] - fürchterlich
3. be glad [bi ˈglæd] - sich freuen
4. capable [ˈkeɪpəbl] - tüchtig
5. class [ˈklæs] - Unterricht, der
6. done [ˈdən] - gemacht
7. glad [ˈglæd] - glücklich
8. grade [ˈgreɪd] - Klasse, die
9. scolds [skoʊldz] - schimpft
10. sheet [ˈʃiːt] - Blatt, das
11. silly [ˈsɪli] - dumm
12. single [ˈsɪŋgl] - einzigen
13. unchecked [ənˈtʃekt] - unkorrigiert

B

Homework

Nancy goes to the third grade at school. Linda and Christian pay a lot of attention to her studies. They always check her homework. But it is difficult for them to check Spanish. So David always checks Spanish. Nancy is a capable girl. But she does not study Spanish well. So David helps her study a lot.
After some time Nancy begins doing all the exercises without mistakes. Christian and Linda are very glad that she studies Spanish well.
Once in the evening David as always checks his sister's homework in Spanish. He sees that everything is done correctly. There isn't a single mistake. David is very glad. He shows his sister's home work to Christian and Linda. All are very happy and praise Nancy.
But next morning Linda sees a sheet of paper with homework that David checked yesterday on her daughter's desk. Linda realizes that her daughter has forgotten this sheet of paper on the desk. She is worried about her daughter, because she has gone to the lesson without her homework today.
Nancy comes back home in the afternoon and Linda asks her:
"Have you forgotten your homework in Spanish for today?" she says. "Now you've got a poor grade for it?"
"No, mom" the daughter replies to her. "It's all right with the assignment. I've got a good grade for it. Why do you think so?" Nancy says in surprise.
"You've got a good grade for it?" Linda is surprised too. "But how is it possible? It is here on the desk. This is your today's homework, that David checked."
"It is yesterday's homework," the daughter explains to her, "we checked it in class yesterday."
Linda can't understand what's going on...
"And why did you ask David to check an old homework that had already been checked in

Hausaufgabe

Nancy geht in der Schule in die dritte Klasse. Linda und Christian geben sehr viel Acht auf ihre Studien. Sie korrigieren immer ihre Hausaufgaben. Aber es fällt ihnen schwer, Spanisch zu korrigieren. Also korrigiert David immer Spanisch. Nancy ist ein tüchtiges Mädchen. Aber es fällt ihr schwer, gut Spanisch zu lernen. Also hilft ihr David viel zu lernen.
Nach einiger Zeit beginnt Nancy alle Übungen ohne Fehler zu machen. Christian und Linda freuen sich, dass sie so gut Spanisch lernt.
Eines Abends korrigiert David wie immer die Spanischhausübung seiner Schwester. Er sieht, dass alles richtig gemacht ist. Es gibt keinen einzigen Fehler. David freut sich sehr. Er zeigt die Hausübung seiner Schwester Christian und Linda. Alle sind sehr glücklich und loben Nancy.
Aber am nächsten Morgen sieht Linda ein Blatt Papier mit der Hausübung, die David gestern korrigiert hat, auf dem Tisch ihrer Tochter. Linda merkt, dass ihre Tochter das Blatt Papier auf dem Tisch vergessen hat. Sie macht sich Sorgen um ihre Tochter, weil sie heute ohne ihre Hausübung in den Unterricht gegangen ist.
Nancy kommt am Nachmittag nach Hause und Linda fragt sie:
„Hast du heute deine Hausübung für Spanisch vergessen?", fragt sie. „Und hast du jetzt eine schlechte Note dafür bekommen?"
„Nein, Mama", antwortet ihr ihre Tochter. „Die Aufgabe war in Ordnung. Ich habe eine gute Note bekommen. Warum glaubst du das?", sagt Nancy überrascht.
„Du hast eine gute Note bekommen?", Linda ist auch überrascht. „Aber wie ist das möglich? Sie liegt hier auf dem Tisch. Das ist die Hausübung für heute, die David korrigiert hat."
„Das ist die Hausübung von gestern", erklärt ihr ihre Tochter, „wir haben sie gestern im Unterricht korrigiert."
Linda versteht nicht, was los ist...
„Und warum hast du David gebeten, eine alte Hausübung zu korrigieren, die schon im Unterricht

class?" Linda asks. "Why didn't you ask him to check the assignment that was given to you for today?"

"Why can't you understand," the daughter says to her. "It would be silly to show him unchecked work. David shouts and scolds me awfully for every mistake! So I give him yesterday's assignment that we have already checked at school.

korrigiert wurde?", fragt Linda. „Warum hast du ihn nicht gebeten, die Aufgabe zu korrigieren, die du für heute bekommen hast?"

„Warum kannst du das nicht verstehen", sagt ihre Tochter zu ihr, „ es wäre dumm, ihm unkorrigierte Arbeiten zu zeigen. David schreit mich an und schimpft fürchterlich mit mir wegen jedes Fehlers! Deshalb gebe ich ihm die Aufgaben von gestern, die wir schon in der Schule korrigiert haben.

* * *

English-German dictionary

Aa
a [eɪ] - ein
a lot [eɪ'lɑːt] - viel, viele
a year ago [eɪ jɪr ə'goʊ] - vor einem Jahr
about [ə'baʊt] - über
absolutely [ˌæbsə'luːtli] - komplett
accidentally [ˌæksə'dentli] - versehentlich
accompanies [ə'kəmpəniz] - begleitet
according [ə'kɔːrdɪŋ] - entsprechend
account [ə'kaʊnt] - Account, der
accurate ['ækjərət] - genau
acquaintance [ə'kweɪntəns] - Bekannte, der;
  acquainted [ə'kweɪntəd] - bekannt
action film ['ækʃn 'fɪlm] - Actionfilm, der
active ['æktɪv] - aktiv
address ['æˌdres] - Adresse, die
addresses ['ædrəsəz] - spricht an
admires [æd'maɪrz] - bewundert
admit [əd'mɪt] - gebe zu
adventures [æd'ventʃərz] - Abenteuer, die
advise [æd'vaɪz] - empfehlen
after ['æftər] - nach
afternoon [ˌæftər'nuːn] - Nachmittag
afterwards ['æftərwərdz] - später
again [ə'gen] - noch einmal
against [ə'genst] - gegen
agrees [ə'griːz] - ist einverstanden
ajar [ə'dʒɑːr] - einen Spalt offen stehen
alive [ə'laɪv] - lebendig
all ['ɔl] - alle
almost ['ɔːlmoʊst] - beinahe
alone [ə'loʊn] - alleine
already [ɔl'redi] - schon
also ['ɔlsoʊ] - auch
alternative [ɔl'tɜːnətɪv] - Alternative, die
although [ˌɔl'ðoʊ] - obwohl
always ['ɔˌlwez] - immer
am [æm] - bin
amazement [ə'meɪzmənt] - Erstaunen, das
amazing [ə'meɪzɪŋ] - toll
an [æn] - ein
ancient ['eɪntʃənt] - alte
and [ænd] - und
anger ['æŋgər] - Wut, die
angrily ['æŋgrəli] - wütend
angry ['æŋgri] - wütend

animal ['ænɪml] - Tier, das
ann's ['ænz] - Anns
another [ə'nʌðr] - einem anderen
answer ['ænsər] - antworten
answers ['ænsərz] - antwortet
any ['eni] - irgendein, etwas
anybody ['enibədi] - irgendjemand
anymore [ˌeni'mɔːr] - nicht mehr
anything ['eniˌθɪŋ] - irgendetwas
anyway ['eniˌweɪ] - trotzdem
anywhere ['eniˌwer] - irgendwo
apart [ə'pɑːrt] - auseinander
apartment [ə'pɑːrtmənt] - Wohnung, die
apologize [ə'pɑːlə'dʒaɪz] - sich entschuldigen
appear [ə'pɪr] - erscheinen
appearance [ə'pɪrəns] - Erscheinung, die
appears [ə'pɪrz] - wird sichtbar
appetizing ['æpəˌtaɪzɪŋ] - verlockend
apple ['æpl] - Apfel, der
apply [ə'plaɪ] - bewerben
approach [ə'proʊtʃ] - kommen näher
approaches [ə'proʊtʃɪz] - kommt auf ihn zu
aquarium [ə'kweriəm] - Aquarium, das
architect ['ɑːrkɪˌtekt] - Architekt, der
are [ɑːr] - sind
aren't ['ɑːrənt] - sind nicht
armchair ['ɑːrmˌtʃer] - Lehnstuhl, der
arms ['ɑːrmz] - Arme, die
army ['ɑːrmi] - Heer, das
around [ə'raʊnd] - herum
arrival [ə'raɪvl] - Ankunft, die
arrive [ə'raɪv] - kommen an
art ['ɑːrt] - Kunst, die
articles ['ɑːrtəklz] - Paragrafen, die
artist ['ɑːrtəst] - Künstler, der
as [æz] - wie
Asian ['eɪʒn] - asiatisch
ask ['æsk] - fragen
asking ['æskɪŋ] - bittet
asks ['æsks] - fragt
asleep [ə'sliːp] - schläft
assignment [ə'saɪnmənt] - Aufgabe, die
astonishment [ə'stɑːnɪʃmənt] - Erstaunen, das
at [æt] - auf, bei, zu
at last [æt 'læst] - schließlich
at once [æt 'wəns] - sofort

attached [əˈtætʃt] - befestigt
attacks [əˈtæks] - attackiert
attend [əˈtend] - besuchen
attentively [əˈtentɪvli] - aufmerksam
aunt [ˈænt] - Tante, die
author [ˈɔθər] - Autor, der
autumn [ˈɔtəm] - Herbst, der
away [əˈweɪ] - weg
awful [ˈɑːfl] - grauenvoll
awfully [ˈɑːfli] - fürchterlich
Bb
back [ˈbæk] - zurück
bad [ˈbæd] - böse
badly [ˈbædli] - schlecht
bag [ˈbæg] - Tasche, die
baggage [ˈbægədʒ] - Gepäck, das
bake [ˈbeɪk] - backen
baking [ˈbeɪkɪŋ] - backend
ball [ˈbɔl] - Ball, der
barbarian [barˈberiən] - Barbar, der
bark [ˈbɑːrk] - bellen
barked [ˈbɑːrkt] - bellte
barking [ˈbɑːrkɪŋ] - bellend
barks [ˈbɑːrks] - bellt
baskets [ˈbæskəts] - Körbe, die
be [bi] - sein
be afraid [bi əˈfreɪd] - Angst haben
be glad [bi ˈglæd] - sich freuen
be glad [bi ˈglæd] - sich freuen
be lucky [bi ˈlʌki] - Glück haben
beautiful [ˈbjuːtəfl] - schön
beauty [ˈbjuːti] - Schönheit, die
became [bɪˈkeɪm] - wurde
because [bɪˈkɔz] - weil
bed [ˈbed] - Bett, das
been [ˈbɪn] - gewesen
before [bɪˈfɔːr] - bevor
began [bɪˈgæn] - begann
beginning [bɪˈgɪnɪŋ] - Anfang, der
begins [bɪˈgɪnz] - beginnt
behaves [bəˈheɪvz] - verhält
behind [bəˈhaɪnd] - hinter
beige [ˈbeɪʒ] - beige
being repaired [ˈbiːɪŋ rəˈpeɪrd] - wird gerade repariert
believes [bəˈliːvz] - glaubt
belongs [bɪˈlɔːŋz] - gehört
bench [ˈbentʃ] - Bank, die

bends [ˈbendz] - biegt
besides [bəˈsaɪdz] - außerdem
best [ˈbest] - besten
better [ˈbetər] - besser
Bible [ˈbaɪbl] - Bibel, die
big [ˈbɪg] - groß
biggest [ˈbɪgəst] - größte
bill [ˈbɪl] - Rechnung, die
birds [ˈbɝːdz] - Vögel, die
birthday [ˈbɝːθˌdeɪ] - Geburtstag, der
bit [ˈbɪt] - gebissen
bite [ˈbaɪt] - beißen
black [ˈblæk] - schwarz
blossom [ˈblɑːsəm] - blühen
blushing [ˈblʌʃɪŋ] - errötet
bonuses [ˈboʊnəsəz] - Bonuszahlungen, die
booking [ˈbʊkɪŋ] - Reservierung, die
books [ˈbʊks] - Bücher, die
bought [ˈbɔːt] - gekauft
bows [ˈbaʊz] - biegt
boys [ˈbɔɪz] - Jungs, die
branch [ˈbræntʃ] - Ast, der
branches [ˈbræntʃəz] - Äste, die
brave [ˈbreɪv] - mutig, tapfere
bread [ˈbred] - Brot, das
break [ˈbreɪk] - zerstören
breathing [ˈbriːðɪŋ] - atmend
bright [ˈbraɪt] - leuchtend
brings [ˈbrɪŋz] - bringt
brother [ˈbrʌðr] - Bruder, der
brought [ˈbrɔːt] - gebracht
bucket [ˈbʌkət] - Eimer, der
builder's [ˈbɪldərz] - des Bauarbeiters
builders [ˈbɪldərz] - Bauarbeiter, die
building [ˈbɪldɪŋ] - Bau, der; building firm [ˈbɪldɪŋ ˈfɝːm] - Baufirma, die
buildings [ˈbɪldɪŋz] - Gebäude, die
bunch [ˈbəntʃ] - Bund, der
burns [ˈbɝːnz] - brennt
bus [ˈbəs] - Bus, der
busy [ˈbɪzi] - beschäftigt
but [bʌt] - aber
buy [ˈbaɪ] - kaufen
buys [ˈbaɪz] - kauft
by [baɪ] - bei, an
bye [baɪ] - tschüß
Cc
cabinets [ˈkæbənəts] - Schränke, die

café [ˈkæfeɪ] - Café, das
cage [ˈkeɪdʒ] - Käfig, der
cake [ˈkeɪk] - Torte, die
call [ˈkɔl] - rufen
called [ˈkɔld] - heißt
calling [ˈkɔlɪŋ] - ruft gerade an
calls [ˈkɔlz] - nennt
calm [ˈkɑːm] - ruhig
calmly [ˈkɑːmli] - ruhig
can [kæn] - können
can't [ˈkænt] - kann nicht
candy [ˈkændi] - Bonbon, das
cannot [ˈkænɑt] - kann nicht
capable [ˈkeɪpəbl] - tüchtig
capital [ˈkæpətəl] - Hauptstadt, die
capricious [kəˈprɪʃəs] - launisch
car [ˈkɑːr] - Auto, das
care [ˈker] - kümmerst
careful [ˈkerfəl] - gewissenhaft
carefully [ˈkerfəli] - genau, sorgfältig
carpet [ˈkɑːrpət] - Teppich, der
carries [ˈkæriz] - trägt
carry [ˈkæri] - tragen
carrying [ˈkæriɪŋ] - tragen
case [ˈkeɪs] - Fall, der
cash [ˈkæʃ] - Bargeld, das; cash register [ˈkæʃ ˈredʒəstər] - Kasse, die
cat [kæt] - Kater, der
cat's [ˈkæts] - seines Katers
catches [ˈkætʃəz] - fängt
caterpillar [ˈkætəˌpɪlər] - Raupe, die
cathedral [kəˈθiːdrəl] - Kathedrale, die
caught [ˈkɔːt] - gefangen
caution [ˈkɔːʃn] - Vorsicht, die
ceiling [ˈsiːlɪŋ] - Decke, die
celebration [ˌseləˈbreɪʃn] - Feier, die
centimeters [ˈsentəˌmitərz] - Zentimeter, die
centre [ˈsentər] - Zentrum, das
certainly [ˈsɜːtənli] - auf jeden Fall
chain [ˈtʃeɪn] - Kette, die
chair [ˈtʃer] - Stuhl, der
change [ˈtʃeɪndʒ] - ändern
chap [ˈtʃæp] - Kerl, der; Junge, der
charge [ˈtʃɑːrdʒ] - aufladen
charity [ˈtʃerəti] - Spenden, die
charmed [ˈtʃɑːrmd] - entzückt
charming [ˈtʃɑːrmɪŋ] - bezauberndes
chases [ˈtʃeɪsəz] - verjagt

chat [ˈtʃæt] - chatten
cheat [ˈtʃiːt] - mogeln
check [ˈtʃek] - überprüfen
cheerful [ˈtʃɪrfəl] - fröhlich
cheerfully [ˈtʃɪrfəli] - fröhlich
cheese [ˈtʃiːz] - Käse, der
cheetah [ˈtʃiːtə] - Gepard, der
chef [ˈʃef] - Koch, der
chicken [ˈtʃɪkən] - Hähnchen, das
chief [ˈtʃiːf] - Chef, der
child [ˈtʃaɪld] - Kind, das
children [ˈtʃɪldrən] - Kinder, die
chill [ˈtʃɪl] - Schauder, der
chooses [ˈtʃuːzəz] - wählt
chores [ˈtʃɔːrz] - Hausarbeit, die
Christmas [ˈkrɪsməs] - Weihnachten, das
cigarette [ˌsɪgəˈret] - Zigarette, die
cinema [ˈsɪnəmə] - Kino, das; cinema hall [ˈsɪnəmə ˈhɔl] - Kinosaal, der
circumstances [ˈsɜːkəmˌstænsəz] - Umstände, die
city [ˈsɪti] - Stadt, die
class [ˈklæs] - Unterricht, der
classes [ˈklæsəz] - Unterricht, der
classroom [ˈklæsˌruːm] - Klassenzimmer, das
clean [ˈkliːn] - sauber
cleaning [ˈkliːnɪŋ] - putzt sich
cleanliness [ˈklenlinəs] - Sauberkeit, die
clear [ˈklɪr] - klar
client [ˈklaɪənt] - Kunde, der
climbs [ˈklaɪmz] - klettert
close [klouz] - schließt
closely [ˈklousli] - genau
clothes [klouðz] - Kleidungsstücke, die
coffee [ˈkɑːfi] - Kaffee, der
coincides [ˌkouɪnˈsaɪdz] - übereinstimmt
cold [kould] - kalt
coldly [ˈkouldli] - kalt
collar [ˈkɑːlər] - Halsband, das
colleagues [ˈkɑːligz] - Kollegen, die
collects [kəˈlekts] - sammelt
college [ˈkɑːlɪdʒ] - College, das
colorful [ˈkələrfəl] - farbige
come [ˈkəm] - kommen
comes [ˈkʌmz] - kommt
comfortably [ˈkʌmfərtəbli] - bequem
coming [ˈkʌmɪŋ] - kommt
common [ˈkɑːmən] - gemeinsam

common sense [ˈkɔmən ˈsens] - gesunder Menschenverstand
company [ˈkʌmpəni] - Firma, die
compartment [kəmˈpɑːrtmənt] - Abteil, das
competent [ˈkɑːmpətənt] - kompetent
completely [kəmˈpliːtli] - ganz
complicated [ˈkɑːmpləˌketəd] - kompliziert
compliment [ˈkɑːmpləmənt] - Kompliment, das
composes [kəmˈpoʊzɪz] - verfasst
composition [ˌkɑːmpəˈzɪʃn] - Aufsatz, der
computer [kəmˈpjuːtər] - Computer, der
concept [ˈkɑːnsept] - Konzept, das
concludes [kənˈkluːdz] - sagt abschließend
confession [kənˈfeʃn] - Geständnis, das
confirmed [kənˈfɝːmd] - bestätigt
confused [kənˈfjuːzd] - verwirrt
confusion [kənˈfjuːʒn] - Verwirrung, die
connection [kəˈnekʃn] - Verbindung, die
considers [kənˈsɪdərz] - hält sich
construction company [kənˈstrəkʃn ˈkʌmpəni] - Baufirma, die
contentedly [kənˈtentədli] - zufrieden
continued [kənˈtɪnjuːd] - geht weiter
continues [kənˈtɪnjuːz] - spricht weiter
contrast [ˈkɑːntræst] - Kontrast, der
convenience store [kənˈviːnjəns ˈstɔːr] - Laden an der Ecke
conversation [ˌkɑːnvərˈseɪʃn] - Gespräch, das
convinces [kənˈvɪnsəz] - überzeugt
convincing [kənˈvɪnsɪŋ] - überzeugend
cooking [ˈkʊkɪŋ] - kocht
cooks [ˈkʊks] - kocht
copied [ˈkɑːpid] - kopiert
copying [ˈkɑːpiŋ] - kopieren
cord [ˈkɔːrd] - Kabel, das
corner [ˈkɔːrnər] - Ecke, die
correct [kəˈrekt] - richtig
correctly [kəˈrektli] - richtig
cost [ˈkɑːst] - kostet
couch [ˈkaʊtʃ] - Sofa, das
could [kʊd] - könnte
country [ˈkʌntri] - Land, das
courier [ˈkɜːriər] - Zustelldienst, der
court [ˈkɔːrt] - Gericht, das
crashed [ˈkræʃt] - gekracht
crawling [ˈkrɔlɪŋ] - kriechen
cream [ˈkriːm] - Creme, die
cries [ˈkraɪz] - schreit
crocodile [ˈkrɑːkəˌdaɪl] - Krokodil, das
crosses [ˈkrɔsəz] - bekreuzigt
cry [ˈkraɪ] - weinen
crying [ˈkraɪɪŋ] - schreiend
cuisine [ˌkwɪˈziːn] - Küche, die
culinary [ˈkjuːləˌneri] - kulinarisch
cup [kʌp] - Trinkschale, die
curious [ˈkjʊriəs] - neugierig
customs [ˈkʌstəmz] - Bräuche, die
cut [ˈkət] - geschnittenes
cutting the line [ˈkʌtɪŋ ði: laɪn] - sich vordrängen

Dd
dad [ˈdæd] - Vater, der
daddy [ˈdædi] - Vater, der
dangerous [ˈdeɪndʒərəs] - gefährlich
daring [ˈderɪŋ] - gewagten
dark [ˈdɑːrk] - dunkel
darling [ˈdɑːrlɪŋ] - Schatz, der
daughter [ˈdɔtər] - Tochter, die
day [ˈdeɪ] - Tag, der
daybreak [ˈdeɪˌbrek] - Tagesanbruch, der
days [ˈdeɪz] - Tage, die
dear [ˈdɪr] - Lieber
decided [dəˈsaɪdəd] - beschloßen
decides [dəˈsaɪdz] - entscheidet
decorations [ˌdekəˈreɪʃnz] - Dekorationen, die
deep [ˈdiːp] - tief
defect [ˈdiːfekt] - Defekt, der
definitely [ˈdefənətli] - definitiv
deletes [dɪˈliːts] - löscht
delicacy [ˈdeləkəsi] - Delikatesse, die
delicious [dəˈlɪʃəs] - köstlich
delivery service [dəˈlɪvəri sɝːvəs] - Zustelldienst, der
demanding [ˌdɪˈmændɪŋ] - fordernde
demands [ˌdɪˈmændz] - fordert
dental surgery [ˈdentl ˈsɝːdʒəri] - Zahnklinik, die
dentist [ˈdentəst] - Zahnarzt, der
departing [dəˈpɑːrtɪŋ] - abfahrend
department [dəˈpɑːrtmənt] - Institut, das
departs [dəˈpɑːrts] - fährt ab
deputy [ˈdepjəti] - stellvertretender
deserved [dəˈzɝːvd] - verdient
desk [ˈdesk] - Tisch, der
despair [ˌdɪˈsper] - Verzweiflung, die

detail [dəˈteɪl] - Detail, das
detain [dəˈteɪn] - festnehmen
dials [ˈdaɪəlz] - wählt
did [ˈdɪd] - tat
didn't [ˈdɪdənt] - machte nicht
different [ˈdɪfərənt] - anders
difficult [ˈdɪfəkəlt] - schwierig
difficulty [ˈdɪfɪˌkəlti] - Mühe, die
dinner [ˈdɪnər] - Abendessen, das
direction [dəˈrekʃnz] - Richtung, die
directly [dəˈrektli] - direkt
director [dəˈrektər] - Leiter, der
dirty [ˈdɜːti] - schmutzig
disciplined [ˈdɪsəplənd] - diszipliniert
discontentedly [ˌdɪskənˈtentɪdli] - unzufrieden
discuss [ˌdɪˈskəs] - diskutieren
dish [ˈdɪʃ] - Gericht, das
dismiss [ˌdɪˈsmɪs] - entlassen
dismissal [ˌdɪˈsmɪsl] - Entlassung, die
dispatchers [ˌdɪˈspætʃərz] - Vermittlung, die
dispute [ˌdɪˈspjuːt] - Streit, der
distinctly [ˌdɪˈstɪŋktli] - deutlich
do [duː] - machen
doctor [ˈdɑːktər] - Arzt, der
documents [ˈdɑːkjəmənts] - Unterlagen, die
does [dʌz] - tut
doesn't [ˈdʌzənt] - tut nicht
dog [ˈdɔːg] - Hund, der
dog's [ˈdɔgz] - des Hundes
doghouse [ˈdɔgˌhaːws] - Hundehütte, die
doing [ˈduːɪŋ] - macht
doll [ˈdɑːl] - Puppe, die
doll's [ˈdɑːlz] - Puppenbett, das
dollars [ˈdɑːlərz] - Dollar, der
don't [ˈdoʊnt] - tue nicht; don't worry [ˈdoʊnt ˈwɜːri] - keine Sorge
done [ˈdən] - gemacht
door [ˈdɔːr] - Tür, die
doorbell [ˈdɔːrˌbel] - Türglocke, die
doors [ˈdɔːrz] - Türen, die
dorms [ˈdɔːrmz] - Studentenwohnheim, das
doubt [ˈdaʊt] - zweifeln
down [ˈdaʊn] - nach unten
drawer [ˈdrɔːr] - Schublade, die
dream [ˈdriːm] - Traum, der
dreaming [ˈdriːmɪŋ] - träumt
drink [ˈdrɪŋk] - trinken
drinking [ˈdrɪŋkɪŋ] - trinkend

drinks [ˈdrɪŋks] - trinkt
driver [ˈdraɪvər] - Fahrer, der
drives [ˈdraɪvz] - fährt
driving [ˈdraɪvɪŋ] - fährt
drop by [ˈdrɑːp baɪ] - vorbeischauen
drops [ˈdrɑːps] - lässt fallen
during [ˈdʊrɪŋ] - während
dust [ˈdəst] - Staub, der
Ee
each [ˈiːtʃ] - jede
earlier [ˈɜːliər] - früher
early [ˈɜːli] - früh
earn [ˈɜːn] - verdienen
easier [ˈiːziər] - einfacher
easily [ˈiːzəli] - einfach
easy [ˈiːzi] - verständlich, leicht
eat [ˈiːt] - essen
eating [ˈiːtɪŋ] - essend
eight [ˈeɪt] - acht
eight-year-old [ˈeɪt] - achtjährige
either ... or [ˈiːðər ɔːr] - entweder ... oder
elderly [ˈeldərli] - älterer
electric [əˈlektrɪk] - elektrisch
electronics [əˌlekˈtrɑːnɪks] - Elektronik, die
elevator [ˈeləˌveɪtər] - Aufzug, der
eliminate [əˈlɪməˌneɪt] - beheben
e-mail [ˈiːmeɪl] - E-Mail, die
embarrassment [emˈberəsmənt] - Verlegenheit, die
emotionally [ɪˈmoʊʃənəli] - emotional
employee [emˌplɔɪi] - Angestellte, der
end [ˈend] - Ende, das
ended [ˈendəd] - ausgegangen
endless [ˈendləs] - endlos
engine [ˈendʒən] - Motor, der
English [ˈɪŋˌglɪʃ] - englisch
enjoy [enˌdʒɔɪ] - genießen
enough [əˈnəf] - genug
enters [ˈentərz] - betreten
enthusiastically [enˌθuːziˈæstɪkli] - enthusiastisch
entire [enˈtaɪər] - ganz
envelope [ˈenvəloʊp] - Briefkuvert, das
environment [ənˈvaɪrənmənt] - Umgebung, die
especially [əˈspeʃli] - besonders
essays [eˈseɪz] - Essays, die
eternity [ˌɪˈtɜːnəti] - Ewigkeit, die

even [ˈiːvn] - sogar
evening [ˈiːvnɪŋ] - Abend, der
ever [ˈevər] - jemals
every [ˈevri] - jeden
everybody [ˈevriˌbɑːdi] - alle
everyone [ˈevriˌwən] - alle, jeder
everything [ˈevriˌθɪŋ] - alles
exactly [ɪɡˈzæktli] - genau
exam [ɪɡˈzæm] - Prüfung, die
examining [ɪɡˈzæmənɪŋ] - überprüft
excellent [ˈeksələnt] - großartiges
exchange [ɪksˈtʃeɪndʒ] - austauschen
excitedly [ɪkˈsaɪtədli] - aufgeregt
excrements [ˈekskrəməntz] - Exkremente, die
Excuse me [ɪkˈskjuːs miː] - Entschuldigen Sie
executioner's [ˌeksəˈkjuːʃənərz] - Scharfrichter, der
exercise [ˈeksərˌsaɪz] - Übung, die
exhibition [ˌeksəˈbɪʃn] - Ausstellung, die
exit [ˈeɡzət] - Ausgang, der
exotic [ɪɡˈzɑːtɪk] - exotisch
expect [ɪkˈspekt] - erwartet
expensive [ɪkˈspensɪv] - teuer
experience [ɪkˈspɪriəns] - Erfahrung, die
explains [ɪkˈspleɪnz] - erklärt
explanation [ˌekspləˈneɪʃn] - Erklärung, die
explosion [ɪkˈsploʊʒn] - Explosion, die
expression [ɪkˈspreʃn] - Ausdruck, der
eyes [ˈaɪz] - Augen, die

Ff
face [ˈfeɪs] - Gesicht, das
fact [ˈfækt] - Tatsache, die
fainted [ˈfeɪntəd] - wurde ohnmächtig
faints [feɪnts] - wird ohnmächtig
fall [ˈfɑːl əˈsliːp] - einschlafen
family [ˈfæməli] - Familie, die
famous [ˈfeɪməs] - berühmt
fans [ˈfænz] - Fans, die
far [ˈfɑːr] - weit
fat [ˈfæt] - fett
father [ˈfɑːðr] - Vater, der
fatter [ˈfætər] - dicker
faucet [ˈfɔːsət] - Wasserhahn, der
fault [ˈfɔlt] - Schuld, die
favorite [ˈfeɪvərət] - liebsten
fear [ˈfɪr] - Angst, die
feed [ˈfiːd] - füttern

feel [ˈfiːl] - fühlen
feelings [ˈfiːlɪŋz] - Gefühle, die
feels [ˈfiːlz] - fühlt; feels sorry [ˈfiːlz ˈsɑːri] - tut ihr leid
fell in love [ˈfel ɪn lʌv] - verliebte sich
fence [ˈfens] - Zaun, der
festive [ˈfestɪv] - festlich
few [ˈfjuː] - einige
field [ˈfiːld] - Arbeitsbereich, der
fifteen [ˌfɪfˈtiːn] - fünfzehn
fifth [ˈfɪfθ] - fünfte
figures [ˈfɪɡjərz] - Figuren, die
file [ˈfaɪl] - Datei, die
film [ˈfɪlm] - Film, der
finally [ˈfaɪnəli] - schließlich
find [ˈfaɪnd] - finden
fine [ˈfaɪn] - hervorragend, großartig
fine print [faɪn ˈprɪnt] - Kleingedruckte, das
finger [ˈfɪŋɡər] - Finger, der
finishes [ˈfɪnɪʃəz] - sagt abschließend
fire [ˈfaɪər] - feuern
fired [ˈfaɪərd] - gefeuert
fireworks [ˈfaɪˌrwərks] - Feuerwerke, die
firm [ˈfɝːm] - Firma, die
first [ˈfɝːst] - ersten
fish [ˈfɪʃ] - Fisch, der
fishing [ˈfɪʃɪŋ] - fischen
fit [ˈfɪt] - passt
five [ˈfaɪv] - fünf
fix [ˈfɪks] - reparieren
flatter [ˈflætər] - schmeicheln
flies [ˈflaɪz] - fliegt
flight [ˈflaɪt] - Flug, der
flip [ˈflɪp] - blättern
flood [ˈflʌd] - Überschwemmung, die
floor [ˈflɔːr] - Boden, der
flowerbed [ˈflaʊəbed] - Blumenbeet, das
flowers [ˈflaʊərz] - Blumen, die
fly [ˈflaɪ] - fliegen
foil [ˌfɔɪl] - Folie, die
following [ˈfɑloʊɪŋ] - folgendem
follows [ˈfɑloʊz] - folgt
food [ˈfuːd] - Futter, das
foot [ˈfʊt] - Fuß, der
for [fɔːr] - für
forest [ˈfɔːrəst] - Wald, der
forgets [fərˈɡets] - vergisst
forgive [fərˈɡɪv] - vergeben

forgiven [fərˈgɪvn] - vergeben
forgot [fərˈgɑːt] - vergaß
forgotten [fərˈgɑːtn] - vergessen
fork [ˈfɔːrk] - Gabel, die
form [ˈfɔːrm] - Formular, das
former [ˈfɔːrmər] - früherer
forty [ˈfɔːrti] - vierzig
forum [ˈfɔːrəm] - Forum, das
found [ˈfaʊnd] - gefunden
four [ˈfɔːr] - vier
fourth [ˈfɔːrθ] - vierte
frailness [ˈfreɪlnɪs] - Vergänglichkeit, die
Friday [ˈfraɪdi] - Freitag, der
fridge [ˈfrɪdʒ] - Kühlschrank, der
friend [ˈfrend] - Freund, der
friends [ˈfrendz] - Freunde, die
frightened [ˈfraɪtnd] - verängstigter
from [frʌm] - von
frown [ˈfraʊn] - Stirnrunzeln, das
fruits [ˈfruːts] - Früchte, die
fry [ˈfraɪ] - braten
full [ˈfʊl] - voll
funny [ˈfʌni] - lustig
furious [ˈfjʊriəs] - wütend
furiously [ˈfjʊriəsli] - wild
further [ˈfɝːðər] - weiter
Gg
game [ˈgeɪm] - Spiel, der
garbage [ˈgɑːrbɪdʒ] - Müll, der
garden [ˈgɑːrdn] - Garten, der
gate [ˈgeɪt] - Tor, das
gather [ˈgæðər] - sammeln
gaze [ˈgeɪz] - Blick, der
gently [ˈdʒentli] - sanft
get a good night's sleep [get eɪ gʊd ˈnaɪts sliːp] - durchschlafen
get up [ˈget ʌp] - aufstehen
gets off [ˈgets ˈɔf] - kommt aus
gets scared [[ˈgets ˈskerd] - bekommt Angst
getting [ˈgetɪŋ] - wird
gifts [ˈgɪfts] - Geschenke, die
girl [ˈgɝːl] - Mädchen, das
give [ˈgɪv] - schenken
given [ˈgɪvn] - gegeben
gives [ˈgɪvz] - gibt
giving [ˈgɪvɪŋ] - schenkt
glad [ˈglæd] - glücklich; gladly [ˈglædli] - erfreut

glances [ˈglænsəz] - Blicke, die
glancing [ˈglænsɪŋ] - in den Augen behalten
glue [ˈgluː] - Kleber, der; Klebstoff, der
gluing [ˈgluːɪŋ] - kleben
go [ˈgoʊ] - gehen
god [ˈgɑːd] - Gott, der
goes [goʊz] - geht
going on [ˈgoʊɪŋ ɑːn] - passiert
goldfish [ˈgoʊldfɪʃ] - Goldfisch, der
gone [ˈgɔn] - weg
good [ˈgʊd] - gut
got [ˈgɑːt] - bekommen
gotten [ˈgɑːtn] - bekommen
grabs [ˈgræbz] - nimmt
grade [ˈgreɪd] - Klasse, die
grease [ˈgriːs] - einfetten
great [ˈgreɪt] - großer
Greece [ˈgriːs] - Griechenland, das
greets [ˈgriːts] - begrüßt
grow [ˈgroʊ] - heranwächst
growl [ˈgraʊl] - Knurren, das
growls [ˈgraʊlz] - knurrt
grows [groʊz] - wächst
guard [ˈgɑːrd] - Wächter, der
guess [ˈges] - Versuch, der
guest [ˈgest] - Gast, der
guilty [ˈgɪlti] - schuldig
guy [ˈgaɪ] - Junge, der
Hh
had [hæd] - hatte
hair [ˈher] - Haar, das
half [ˈhæf] - halbe
hamster [ˈhæmstər] - Hamster, der
hands [ˈhændz] - Hände, die
hang [ˈhæŋ] - hängen
hanging [ˈhæŋɪŋ] - hängt
hangs up [ˈhæŋz ʌp] - legt auf
happened [ˈhæpənd] - passiert
happily [ˈhæpɪli] - fröhlich
happy [ˈhæpi] - fröhlicher
harshly [ˈhɑːrʃli] - schroff
has [hæz] - hat
have [hæv] - haben
he [hi] - er
head [ˈhed] - Kopf, der
healthy [ˈhelθi] - gesund
hear [ˈhɪr] - hören
heard [ˈhɝːd] - wird gehört

hears ['hɪrz] - hört
heavy ['hevi] - schwer
Hebrew ['hiːbruː] - Hebräisch, das
hello [həˈloʊ] - hallo
help ['help] - helfen
helps ['helps] - hilft
her [hər] - sie, ihr
here [hɪər] - hier
herself [hərˈself] - sich
hesitantly ['hezətəntli] - zögerlich
hi ['haɪ] - hallo
highest ['haɪəst] - höchste
him [hɪm] - ihn, ihm
himself [ˌhɪmˈself] - sich
hint ['hɪnt] - Hinweis, der
hire ['haɪər] - einstellen
his [hɪz] - sein
history [hɪstri] - Geschichte, die
hits ['hɪts] - klopft
hold [hoʊld] - halten
holding ['hoʊldɪŋ] - gefasst
holds [hoʊldz] - hält
home [hoʊm] - Zuhause, das
homeless ['hoʊmləs] - streunender
hometown ['homˌtaːwn] - Heimatstadt, die
homework ['hoʊmwɜːk] - Hausaufgabe, die
honestly ['ɑːnəstli] - ehrlich
hope [hoʊp] - hoffe
hospital ['hɑːˌspɪtl] - Spital, das
hotel [ˌhoʊˈtel] - Hotel, das
hours ['aʊərz] - Stunden, die
house ['haʊs] - Haus, das
household ['haʊshoʊld] - Haushalt, der
how ['haʊ] - wie
however [ˌhɑːˈwevər] - jedoch
huge ['hjuːdʒ] - riesig
hugs ['hʌgz] - umarmt
human ['hjuːmən] - menschlichen
hundred ['hʌndrəd] - hundert
hurricane ['hɜːrəˌken] - Hurrikan, der
hurry ['hɜːri] - Eile, die
hurt ['hɝːt] - weh tun
husband ['hʌzbənd] - Ehemann, der
Ii
I ['aɪ] - ich
I'd [aɪd] - ich würde
I'll ['aɪl] - ich werde
I'm ['aɪm] - ich bin

if ['ɪf] - wenn
ill ['ɪl] - krank
immediately [ˌɪˈmiːdiətli] - sofort
important [ˌɪmˈpɔːrtənt] - wichtige
impress [ˌɪmˈpres] - beeindrucken
impressed [ˌɪmˈprest] - beeindruckt
impressions [ˌɪmˈpreʃnz] - Eindrücke, die
improve [ˌɪmˈpruːv] - aufhellen
impudence ['ɪmpjʊdəns] - Unverschämtheit, die
in [ɪn] - in
in front of [ɪnˈfrənt ɔv] - vor
incomprehensible [ˌɪŋˌkɑːmprəˈhensəbl] - unverständlich
incorrect [ˌɪnkəˈrekt] - falsch
incredibly [ˌɪnˈkredəbli] - unglaublich
indifferent [ˌɪnˈdɪfrənt] - gleichgültig
influence ['ɪnfluːəns] - Einfluss, der
inner ['ɪnər] - innere
inquires [ˌɪnˈkwaɪərz] - fragt nach
inscription [ˌɪnˈskrɪpʃn] - Aufschrift, die
inside [ˌɪnˈsaɪd] - Innere, das
install [ˌɪnˈstɔl] - installiert
instead [ˌɪnˈsted] - statt
intellect ['ɪntəˌlekt] - Verstand, der
intelligence [ˌɪnˈtelədʒəns] - Intelligenz, die
interest ['ɪntrəst] - Interesse, das
interested ['ɪntrəstəd] - interessiert
interesting ['ɪntrəstɪŋ] - interessant
Internet ['ɪntərˌnet] - Internet, das
interrupts [ˌɪntəˈrəpts] - unterbricht
intersection [ˌɪntərˈsekʃn] - Kreuzung, die
into [ˌɪnˈtuː] - in
introduces [ˌɪntrəˈduːsəz] - stellt vor
invents [ˌɪnˈvents] - erfindet
invites [ˌɪnˈvaɪts] - lädt ein
iron ['aɪərn] - Bügeleisen, das
is [ɪz] - ist
isn't ['ɪzənt] - ist nicht
issue ['ɪʃuː] - Ausgabe, die
it ['ɪt] - es
it's [ɪts] - es ist; it's a pity [[ɪts eɪ ˈpɪti] - es ist schade
its ['ɪts] - sein, ihr
itself [ətˈself] - sich
Jj
jaw ['dʒɔ] - Kiefer, der
Jerusalem [dʒəˈruːsələm] - Jerusalem

job [ˈdʒɑːb] - Job, der
jogging [ˈdʒɑːgɪŋ] - joggen
joining [ˌdʒɔɪnɪŋ] - beitretend
joke [dʒoʊk] - Spaß machen
journalism [ˈdʒɝːnəˌlɪzəm] - Journalismus, der
joyfully [ˌdʒɔɪfəli] - vergnügt
judge [ˈdʒədʒ] - Richter, der
juice [ˈdʒuːs] - Saft, der
July [ˌdʒuːˈlaɪ] - Juli, der
jumps [ˈdʒəmps] - springt
jurisprudence [ˌdʒʊrəˈspruːdəns] - Rechtswissenschaft, die
just [dʒʌst] - nur, gerade
justice [ˈdʒʌstɪs] - Gerechtigkeit, die
Kk
keeps [ˈkiːps] - behält
kill [ˈkɪl] - töten
kilogram [ˈkɪləˌgræm] - Kilogramm, das
kind [ˈkaɪnd] - nette
kindergarten [ˈkɪndərˌgɑːrtn] - Kindergarten, der
king [ˈkɪŋ] - König, der
kisses [ˈkɪsəz] - küsst
kitchen [ˈkɪtʃən] - Küche, die
knew [ˈnuː] - wusste
know [ˈnoʊ] - weiß
knowing [ˈnoʊɪŋ] - wissend
knowledge [ˈnɑːlədʒ] - Wissen, das
knows [noʊz] - weiß
Ll
landscape [ˈlændˌskep] - Landschaft, die
language [ˈlæŋgwədʒ] - Sprache, die
laptop [ˈlæpˌtɑːp] - Laptop, der
late [ˈleɪt] - spät
lately [ˈleɪtli] - in letzter Zeit
later [ˈleɪtər] - später
laugh [ˈlæf] - lachen
laughing [ˈlæfɪŋ] - lachend
laughs [ˈlæfs] - lacht
laws [ˈlɔːz] - Gesetze, die
lazy [ˈleɪzi] - faul
leads [ˈliːdz] - führt
learned [ˈlɝːnd] - gelernt
leash [ˈliːʃ] - Leine, die
leather [ˈleðər] - Leder, das
leave [ˈliːv] - lassen
lectures [ˈlektʃərz] - Vorlesungen, die

left [ˈleft] - verlassen
legs [ˈlegz] - Beine, die
length [ˈleŋkθ] - Länge, die
lesson [ˈlesn] - Unterricht, der
let [ˈlet] - lässt
letter [ˈletər] - Brief, der
level [ˈlevl] - Niveau, das
library [ˈlaɪˌbreri] - Bibliothek, die
lid [ˈlɪd] - Deckel, der
lies [ˈlaɪz] - liegt
life [ˈlaɪf] - Leben, das
light [ˈlaɪt ʌp] - aufleuchten
like [ˈlaɪk] - gerne etwas tun
likes [ˈlaɪks] - gerne haben
listening [ˈlɪsnɪŋ] - hört zu
listens [ˈlɪsnz] - hört zu
literature [ˈlɪtərətʃər] - Literatur, die
little [ˈlɪtl] - klein
lives [ˈlɪvz] - lebt
living [ˈlɪvɪŋ ruːm] - Wohnzimmer, das
loading [ˈloʊdɪŋ] - einladen
loads [loʊdz] - lädt
loaf [loʊf] - Laib, der
local [ˈloʊkl] - lokalen
lock [ˈlɑːk] - sperren
log out [lɔːg aʊt] - ausloggen
long [ˈlɔŋ] - lange
look [ˈlʊk] - sehen, schauen
looking [ˈlʊkɪŋ] - sieht
looks [ˈlʊks] - schaut an
lose [ˈluːz] - verlieren
loss [ˈlɔs] - Verlust, der
lost [ˈlɔst] - verlaufen
loudest [ˈlaʊdəst] - am lautesten
loudly [ˈlaʊdli] - laut
love [ˈləv] - lieben; loves [ˈləvz] - liebt
low [ˈloʊ] - niedrig
lower [ˈloʊər] - niedriger, nach unten
lowermost [ˈloʊəmoʊst] - unterste
luck [ˈlək] - Glück, das
luggage [ˈlʌgədʒ] - Gepäck, das
lunch [ˈləntʃ] - Mittagessen, das
lying [ˈlaɪɪŋ] - liegend
Mm
Madam [ˈmædəm] - Madame, die
magazines [ˈmægəˌzinz] - Zeitschriften, die
magnificent [mægˈnɪfəsənt] - großartige
main [ˈmeɪn] - Haupt-

man ['mæn] - Mann, der
manager ['mænədʒər] - Geschäftsführer, der
manages ['mænɪdʒəz] - zurechtkommen
market ['mɑːrkət] - Markt, der
marks ['mɑːrks] - Noten, die
married ['merid] - verheiratet
marry ['meri] - heiraten
Mars ['mɑːrz] - Mars
masks ['mæsks] - Masken, die
masterpiece ['mæstərˌpis] - Meisterwerk, das
mating ['meɪtɪŋ] - Paarung, die
matter ['mætər] - Angelegenheit, die
may ['meɪ] - vielleicht
maybe ['meɪbi] - vielleicht
me ['miː] - mir, mich
meal ['miːl] - Essen, das
mean ['miːn] - meinst
meaning ['miːnɪŋ] - Bedeutung, die
means ['miːnz] - bedeutet
meanwhile ['miːˌnwaɪl] - inzwischen
medical ['medəkl] - medizinisch
medieval [məˈdiːvl] - mittelalterlich
medium-sized ['miːdiəm] - mittlere
meet ['miːt] - treffen
meeting ['miːtɪŋ] - treffen
members ['membərz] - Mitglieder, die
menu ['menjuː] - Speisekarte, die
meows [miˈaʊz] - miaut
merrily ['merəli] - fröhlich
message ['mesədʒ] - Nachricht, die
met ['met] - getroffen
metal ['metl] - Metall, das
meters ['miːtərz] - Meter, die
mice ['maɪs] - Mäuse, die
middle ['mɪdl] - Mitte, die
millions ['mɪljənz] - Millionen, die
mind ['maɪnd] - Verstand, der
minutes ['mɪnəts] - Minuten, die
mirror ['mɪrər] - Spiegel, der
misses ['mɪsəz] - vermisst
missing ['mɪsɪŋ] - fehlen
mistake [ˌmɪˈsteɪk] - Fehler, der
mister ['mɪstər] - Herr, der
mixed up ['mɪkst ʌp] - verwechselt
modern ['mɑːdərn] - modern
modest ['mɑːdəst] - bescheiden
mom ['mɑːm] - Mutter, die
moment ['moʊmənt] - Moment, der

money ['mʌni] - Geld, das
month ['mʌnθ] - Monat, der
mood ['muːd] - Stimmung, die
mop ['mɑːp] - Mopp, der
more ['mɔːr] - mehr; more strictly ['mɔːr ˈstrɪktli] - strenger
moreover [mɔːˈroʊvə] - zudem
morning ['mɔːrnɪŋ] - Morgen, der
most famous [moʊst ˈɪntrəstɪŋ] - berühmteste
most interesting [moʊst ˈɪntrəstɪŋ] - interessanteste
mother ['mʌðr] - Mutter, die
mountain ['maʊntən] - Berg, der
mouse ['maʊs] - Maus, die
mouth ['maʊθ] - Mund, der
move ['muːv] - bewegen
movie ['muːvi] - Film, der
much ['mʌtʃ] - viel
museum [mjuːˈziːəm] - Museum, das
mushroom ['mʌʃruːm] - Pilz, der
music ['mjuːzɪk] - Musik, die
must [mʌst] - müssen
my ['maɪ] - meine
myself [ˌmaɪˈself] - ich selbst
Nn
name ['neɪm] - Name, der
named ['neɪmd] - heißt
nanny ['næni] - Kindermädchen, das
national ['næʃənəl] - national
near ['nɪr] - nahe
nearby ['nɪrˈbaɪ] - in der Nähe
nearest ['nɪrəst] - nächsten
need ['niːd] - brauche
needs ['niːdz] - braucht
neighbor ['neɪbər] - Nachbar, der
neighboring ['neɪbərɪŋ] - in der Nachbarschaft
nervous ['nɜːvəs] - nervös
never ['nevər] - nie
nevertheless [ˌnevərðəˈles] - trotzdem
new ['nuː] - neu
news ['nuːz] - Neuigkeiten, die
newspaper ['nuːzˌpepər] - Zeitung, die
next to ['nekst tuː] - neben
nickname ['nɪkˌnem] - Spitzname, der
night ['naɪt] - Nacht, die
no ['noʊ] - kein, nicht
nobody ['noʊbədi] - niemand
nods ['nɑːdz] - nickt

noise [nɔɪz] - Lärm, der
noon [ˈnuːn] - Mittag, der
north [ˈnɔːrθ] - Norden, der
not [ˈnɑːt] - nicht
note [noʊt] - Notiz, die
notebooks [ˈnoʊtbʊks] - Notizbücher, die
nothing [ˈnʌθɪŋ] - nichts
notices [ˈnoʊtɪsɪz] - bemerkt
now [ˈnaʊ] - jetzt
number [ˈnʌmbər] - Kennzeichen, das

Oo

obedient [oˈbiːdiənt] - gehorsam
objects [ˈɑːbdʒekts] - Gegenstände, die
obligatory [əˈblɪɡəˌtɔːri] - verpflichtend
obvious [ˈɑːbviəs] - offensichtlich
of course [ʌv ˈkɔːrs] - natürlich
offer [ˈɔfər] - anbieten
office [ˈɑːfəs] - Büro, das
often [ˈɔfn] - oft
OK [ˌoʊˈkeɪ] - in Ordnung
okay [ˌoʊˈkeɪ] - in Ordnung
old [oʊld] - alt
oldest [ˈoʊldɪst] - älteste
omelette [ˈɔmlɪt] - Omelett, das
on business [ɑːn ˈbɪznəs] - geschäftlich
one [wʌn] - ein
only [ˈoʊnli] - nur
ooh [ˈuː] - oh
Opel [ˈɔpəl] - Opel, der
open [ˈoʊpən] - öffnen
opinion [əˈpɪnjən] - Meinung, die
option [ˈɑːpʃn] - Möglichkeit, die
or [ɔːr] - oder
ordinary [ˈɔːrdəˌneri] - gewöhnlich
organization [ˌɔːrɡənəˈzeɪʃn] - Organisation, die
other [ˈʌðr] - anderen
our [ˈaʊər] - unsere
out [ˈaʊt] - heraus
outraged [ˈaʊˌtredʒd] - empört
outside [ˈaʊtˈsaɪd] - draußen
outward [ˈaʊtwərd] - äußere
oven [ˈʌvn] - Backrohr, das
over [ˈoʊvə] - über
overcome [ˌoʊvəˈkʌm] - bewältigen
overtakes [ˌoʊvəˈteɪks] - überholt
own [ˈoʊn] - eigener
owner [ˈoʊnər] - Besitzer, der
owners [ˈoʊnərz] - Besitzer, die

Pp

pack [ˈpæk] - packen
package [ˈpækɪdʒ] - Packung, die
packet [ˈpækət] - Packung, die
paid a compliment [ˈpeɪd eɪ ˈkɑːmpləmənt] - ein Kompliment gemacht
painting [ˈpeɪntɪŋ] - malen
pale [ˈpeɪl] - bleich
papers [ˈpeɪpərz] - Papiere, die
parents [ˈperənts] - Eltern, die
park [ˈpɑːrk] - Park, der
pass [ˈpæs] - vergehen
passes [ˈpæsəz] - vorbeikommt
passion [ˈpæʃn] - Leidenschaft, die
past [ˈpæst] - vorbei
patiently [ˈpeɪʃəntli] - geduldig
paw [ˈpɔ] - Pfote, die
pay attention [peɪ əˈtenʃn] - beachten
pays a visit [ˈpeɪz eɪ ˈvɪzət] - besucht
peace [ˈpiːs] - Friede, der
people [ˈpiːpl] - Leute, die
perfectly [ˈpɚːfəktli] - perfekt
perhaps [pərˈhæps] - vielleicht
period [ˈpɪriəd] - Zeitraum, der
person [ˈpɚːsn] - Person, die
pet [ˈpet] - Haustier, das
pets [ˈpets] - Haustiere, die
petting [ˈpetɪŋ] - streichelt
phone [ˈfoʊn] - anrufen
phones [ˈfoʊnz] - ruft an
photos [ˈfoʊtoʊz] - Fotos, die
phrase [ˈfreɪz] - Satz, der
pick [ˈpɪk] - sammeln
picnic [ˈpɪkˌnɪk] - Picknick, das
picture [ˈpɪktʃər] - Bild, das
pile [ˈpaɪl] - Stapel, der
place [ˈpleɪs] - Ort, der
plane [ˈpleɪn] - Flugzeug, das
plastic [ˈplæstɪk] - Plastik, das
plate [ˈpleɪt] - Teller, der
platform [ˈplætˌfɔːrm] - Bussteig, der
play [ˈpleɪ] - spielen
playing [ˈpleɪɪŋ] - gespielt
plays [ˈpleɪz] - spielt
please [ˈpliːz] - bitte
pleasure [ˈpleʒər] - Vergnügen, das
plug [ˈpləɡ] - Stecker, der

poems [ˈpoʊɪmz] - Gedichte, die
poetry [ˈpoʊtri] - Poesie, die
point [ˈpɔɪnt] - Stelle, die
points [ˌpɔɪnts] - zeigt
policeman [pəˈliːsmən] - Polizist, der
politely [pəˈlaɪtli] - freundlich
poor [ˈpʊr] - schlecht, arm
poorly [ˈpʊrli] - schlecht
porcelain [ˈpɔːrsələn] - Porzellan, das
possible [ˈpɑːsəbl] - möglich
post [poʊst] - posten
postcards [ˈpoʊstkɑːdz] - Postkarten, die
praise [ˈpreɪz] - loben
prank [ˈpræŋk] - Streich, der
pray [ˈpreɪ] - beten
prepare [priˈper] - zubereite
preparing [priˈperɪŋ] - macht sich auf
present [ˈprezənt] - Geschenk, das
presses [ˈpresəz] - drückt
pretty [ˈprɪti] - ziemlich
print [ˈprɪnt] - Druck, der
probably [ˈprɑːbəbli] - wahrscheinlich
probation period [proˈbeɪʃn ˈpɪriəd] -
    Probezeit, die
problem [ˈprɑːbləm] - Problem, das
professional [prəˈfeʃənəl] - Fachmann, der
professor [prəˈfesər] - Professor, der
profile [ˈproʊfaɪl] - Profil, das
proud [ˈpraʊd] - stolz
proudly [ˈpraʊdli] - stolz
prove [ˈpruːv] - beweisen
public [ˈpʌblɪk] - öffentlichen
pulls [ˈpʊlz] - zieht
purchases [ˈpɝːtʃəsəz] - Einkäufe, die
purring [ˈpɜːrɪŋ] - schnurrend
pushing [ˈpʊʃɪŋ] - drücken
put [ˈpʊt] - setzen, legen, stellen
Qq
questions [ˈkwestʃənz] - Fragen, die
quickly [ˈkwɪkli] - schnell
quiet [ˈkwaɪət] - leise
quietly [ˈkwaɪətli] - leise
quite [ˈkwaɪt] - ziemlich
quiz [ˈkwɪz] - abprüfen
Rr
radio [ˈreɪdiˌoʊ] - Funk, der
random [ˈrændəm] - zufällig
rare [ˈrer] - selten

rarely [ˈrerli] - selten
rats [ˈræts] - Ratten, die
reach [ˈriːtʃ] - erreichen
react [riˈækt] - reagieren
reading [ˈriːdɪŋ] - liest
reads [riːdz] - liest
ready [ˈredi] - bereit
real [riːl] - wirklich
realizes [ˈriːəˌlaɪzəz] - merkt
really [ˈriːəli] - wirklich
recalls [ˈriːˌkɔlz] - erinnert
receive [rəˈsiːv] - erhält
recently [ˈriːsntli] - vor kurzem
recipe [ˈresəpi] - Rezept, das
recognize [ˈrekəgˌnaɪz] - erkenne wieder
recommends [ˌrekəˈmendz] - empfiehlt
red [ˈred] - rot
refuses [rəˈfjuːzəz] - weigert
relative [ˈrelətɪv] - Verwandte, der
remain [rəˈmeɪn] - bleiben
remember [rəˈmembər] - erinnern
remind [riˈmaɪnd] - erinnerst
repeats [rəˈpiːts] - wiederholt
replies [rəˈplaɪz] - antwortet
required [riˈkwaɪərd] - vorgeschriebenen
rescuer [ˈreˌskjuːər] - Retter, der
resolve [riˈzɑːlv] - lösen
rest [ˈrest] - Pause, die
restaurant [ˈrestəˌrɑːnt] - Restaurant, das
restless [ˈrestləs] - unruhig
retells [ˌriːˈtelz] - wiederholt
returns [rəˈtɝːnz] - kommt zurück
revenge [riˈvendʒ] - Rache, die
revive [rɪˈvaɪv] - wiederbeleben
right here [ˈraɪt hɪər] - gleich hier
ringing [ˈrɪŋɪŋ] - läuten
rings [ˈrɪŋz] - klingelt
rips [ˈrɪps] - reißt
risk [ˈrɪsk] - Risiko, das
river [ˈrɪvər] - Fluss, der
road [roʊd] - Straße, die
robert's [ˈrɑːbərts] - Roberts
romantic [roˈmæntɪk] - romantisch
room [ˈruːm] - Zimmer, das
rope [roʊp] - Seil, das
rubber [ˈrʌbər] - Gummi, der
run [ˈrən] - rennt
running [ˈrʌnɪŋ] - Laufen, das

runs ['rʌnz] - rennt
rushed ['rəʃt] - losgestürzt
Ss
sad ['sæd] - traurig
sadly ['sædli] - traurig
said ['sed] - gesagt
Saint ['seɪnt] - Heilige, der
salary ['sæləri] - Gehalt, das
salesman ['seɪlzmən] - Verkäufer, der
saleswoman ['seɪlˌzwʊmən] - Verkäuferin, die
same ['seɪm] - gleichen
samples ['sæmplz] - Proben, die
satisfied ['sætəsˌfaɪd] - zufriedene
sausage ['sɔsədʒ] - Wurst, die
saved ['seɪvd] - gerettet
saw ['sɔ] - gesehen
says ['sez] - sagt
scene ['si:n] - Szene, die
school ['sku:l] - Schule, die
schoolmate ['sku:lˌmet] - Schulfreund, der
scissors ['sɪzərz] - Schere, die
scolding ['skoʊldɪŋ] - kritisieren
scolds [skoʊldz] - schimpft
scoundrel ['skaʊndrəl] - Schurke, der
screen ['skri:n] - Bildschirm, der
sculpture ['skʌlptʃər] - Skulptur, die
sea ['si:] - Meer, das
seals ['si:lz] - verschließt
seat ['si:t] - Sitzplatz, der
second ['sekənd] - zweite
secretary ['sekrəteri] - Sekretär/in, der/die
secretly ['si:krətli] - heimlich
see ['si:] - sehen
seems ['si:mz] - es scheint
sees ['si:z] - sieht
seldom ['seldəm] - selten
sell ['sel] - verkaufen
send ['send] - senden
sense ['sens] - Verstand, der
sensible ['sensəbl] - vernünftig
sent ['sent] - gerufen
sentences ['sentənsəz] - Sätze, die
separated ['sepəˌretəd] - getrennt
serious ['sɪriəs] - ernst
seriously ['sɪriəsli] - ernst
settles down ['setlz daʊn] - es sich bequem machen
seventy ['sevənti] - siebzig

several ['sevrəl] - einige
shakes ['ʃeɪks] - schüttelt
shall [ʃæl] - sollen
shaman ['ʃeɪmən] - Schamane, der
she [ʃi] - sie
sheet ['ʃi:t] - Blatt, das
shining ['ʃaɪnɪŋ] - scheint
shoes ['ʃu:z] - Schuhe, die
shop ['ʃɑ:p] - Laden, der
short ['ʃɔ:rt] - kurz
should [ʃʊd] - sollte
shouting ['ʃaʊtɪŋ] - schreien
shouts ['ʃaʊts] - schreit
shown ['ʃoʊn] - gezeigt
shows [ʃoʊz] - zeigt
shy ['ʃaɪ] - schüchtern
shyly ['ʃaɪli] - schüchtern
sick ['sɪk] - krank
side ['saɪd] - Seite, die
sighs ['saɪz] - seufzt
sights ['saɪts] - Sehenswürdigkeiten, die
silent ['saɪlənt] - still
silly ['sɪli] - dumm
similar ['sɪmələr] - ähnlich
simple ['sɪmpl] - einfach
simply ['sɪmpli] - einfach
since ['sɪns] - seit
sing ['sɪŋ] - singen
singing ['sɪŋɪŋ] - singend
single ['sɪŋgl] - einzigen
sis ['sɪs] - Schwester, die; Schwesterherz, das
sister ['sɪstər] - Schwester, die
sits ['sɪts] - setzt sich
sitting ['sɪtɪŋ] - sitzt
situation [ˌsɪtʃu:'eɪʃn] - Situation, die
six ['sɪks] - sechs
size ['saɪz] - Größe, die
sleep [s'li:p] - schlafen, schläft; sleeps [s'li:ps] - schläft
sleeping [s'li:pɪŋ] - schlafend
sleepy [s'li:pi] - schläfrig
slightly [s'laɪtli] - ein wenig
slowly ['sloʊli] - langsam
sly [s'laɪ] - verschmitzt
slyly [s'laɪli] - verschmitzt
small ['smɔl] - kleines
smart ['smɑ:rt] - intelligent
smell ['smel] - Geruch, der

smiles ['smaɪlz] - lächelt
smoke [smoʊk] - Rauch, der
snack ['snæk] - Snack, der
snowing ['snoʊɪŋ] - schneit
so ['soʊ] - so
socket ['sɑːkət] - Steckdose, die
sold [soʊld] - verkauft
solution [səˈluːʃn] - Lösung, die
some [sʌm] - einige
somebody [ˈsʌmˌbɑːdi] - irgendjemand
someone [ˈsʌˌmwən] - jemandem
something [ˈsʌmθɪŋ] - etwas
sometimes [səmˈtaɪmz] - manchmal
somewhere [ˈsʌˌmwer] - irgendwo
son [ˈsən] - Sohn, der
soon [ˈsuːn] - bald
soul [soʊl] - Seele, die
sounds [ˈsaʊndz] - klingt
soup [ˈsuːp] - Suppe, die
Spanish [ˈspæˌnɪʃ] - Spanisch
spare time [ˈsper taɪm] - Freizeit, die
Sparta [ˈspɑːrtə] - Sparta
speak [ˈspiːk] - sprechen
speaks [ˈspiːks] - spricht
specialty [ˈspeʃəlti] - Spezialität, die
speed [ˈspiːd] - Geschwindigkeit, die
spend [ˈspend] - verbringen
spending [ˈspendɪŋ] - ausgeben
spends [ˈspendz] - verbringt
spirit [ˈspɪrət] - Stimmung, die
splashes [ˈsplæʃəz] - bespritzt
splattered [ˈsplætərd] - bespritzt
spoil [ˌspɔɪl] - ruinieren
spoke [spoʊk] - gesprochen
spot [ˈspɑːt] - erwischen
spring [ˈsprɪŋ] - Frühling, der
stabs [ˈstæbz] - spießt
stairs [ˈsterz] - Stiegen, die
stands [ˈstændz] - steht
stares [ˈsterz] - starrt
starts [ˈstɑːrts] - beginnt
station [ˈsteɪʃn] - Busbahnhof, der
stay [ˈsteɪ] - bleiben
stays [ˈsteɪz] - bleibt
stepped [ˈstept] - stieg
sticking out [ˈstɪkɪŋ aʊt] - hervorstehend
still [ˈstɪl] - immer noch
stolen [ˈstoʊlən] - gestohlen

stop [ˈstɑːp] - aufhören
store [ˈstɔːr] - Laden, der
stories [ˈstɔːriz] - Geschichten, die
story [ˈstɔːri] - Geschichte, die
straight [ˈstreɪt] - direkt, gerade
strain [ˈstreɪn] - Anstrengung, die
strange [ˈstreɪndʒ] - seltsam
strangely [ˈstreɪndʒli] - seltsam
street [ˈstriːt] - Straße, die
stretch [ˈstretʃ] - dehnen
strict [ˈstrɪkt] - streng
strictly [ˈstrɪktli] - streng
strong [ˈstrɔŋ] - stark
strongly [ˈstrɔŋli] - stark
student [ˈstuːdənt] - Student/Studentin, der/die
studies [ˈstʌdiz] - Studien, die
study [ˈstʌdi] - lernen
studying [ˈstʌdiɪŋ] - studiert
stupid [ˈstuːpəd] - blöde
style [ˈstaɪl] - Stil, der
subject [səbˈdʒekt] - Unterrichtsfach, das
subway [ˈsʌˌbweɪ] - U-Bahn, die
succeeds [səkˈsiːdz] - hat Erfolg
successfully [səkˈsesfəli] - erfolgreich
such [ˈsətʃ] - solch
suddenly [sʌdnli] - plötzlich
suggests [səgˈdʒests] - schlägt vor
suitable [ˈsuːtəbl] - geeignet
suitcase [ˈsuːtˌkes] - Koffer, der
suitcases [ˈsuːtˌkesəz] - Koffer, die
sum [ˈsəm] - Betrag, der
summer [ˈsʌmər] - Sommer, der
sun [ˈsən] - Sonne, die
sunbathing [ˈsʌnˌbeðɪŋ] - sonnenbaden
Sunday [ˈsʌndi] - Sonntag, der
supermarket [ˈsuːpərˌmɑːrkɪt] - Supermarkt, der
supervising [ˈsuːpərˌvaɪzɪŋ] - überwachend
supports [səˈpɔːrts] - gibt Halt, hält fest
supposes [səˈpoʊzɪz] - nimmt an
sure [ˈʃʊr] - sicher
surgery [ˈsɜːdʒəri] - Arztpraxis, die
surprise [sərˈpraɪz] - überraschen
surprised [sərˈpraɪzd] - überrascht
sweets [ˈswiːts] - Süßigkeiten, die
swimming [ˈswɪmɪŋ] - schwimmen;
    swimming pool [ˈswɪmɪŋ ˈpuːl] - Schwimmbad, das

swimsuit [ˈswɪmˌsuːt] - Badeanzug, der
switch off [ˈswɪtʃ ˈɔf] - ausschalten
symbol [ˈsɪmbl] - Symbol, das
Tt
table [ˈteɪbl] - Tisch, der
tablet [ˈtæblət] - Tablet, das
tail [ˈteɪl] - Schweif, der
take [ˈteɪk] - nehmen
takes [ˈteɪks] - nimmt
taking [ˈteɪkɪŋ] - spricht
talent [ˈtælənt] - Talent, das
talk [ˈtɔːk] - sprechen, reden
talking [ˈtɔːkɪŋ] - sprechend
talks [ˈtɑːks] - spricht
tall [ˈtɔl] - hoch
task [ˈtæsk] - Aufgabe, die
taste [ˈteɪst] - probieren
tasty [ˈteɪsti] - lecker
taxi [ˈtæksi] - Taxi, das; taxi service [ˈtæksi ˈsɜːvəs] - Taxiunternehmen, das
tea [ˈtiː] - Tee, der
teacher [ˈtiːtʃər] - Lehrer, der
teaches [ˈtiːtʃəz] - unterrichtet
telephone [ˈteləˌfoʊn] - Handy, das
telling [ˈtelɪŋ] - sagt
tells [ˈtelz] - erzählt
temper [ˈtempər] - Temperament, das
temporary [ˈtempəˌreri] - vorübergehend
ten [ˈten] - zehn
tenth [ˈtenθ] - zehnten
term [ˈtɜːm] - Ausdruck, der; nennen
terrible [ˈterəbl] - schrecklich; terribly [ˈterəbli] - fürchterlich
test [ˈtest] - Test, der
text [ˈtekst] - Text, der
textbook [ˈtekstˌbʊk] - Arbeitsbuch, das
than [ˈðæn] - als
thank [ˈθæŋk] - danken
that [ˈðæt] - dass
that's [ˈðæts] - das ist, so
the [ˈðiː] - der, die, das
their [ˈðer] - ihr, ihre
them [ˈðəm] - sie, ihnen
theme [ˈθiːm] - Thema, das
themselves [ðemˈselvz] - sie selbst
then [ˈðen] - dann
there [ˈðer] - dort
these [ˈðiːz] - diese

they [ˈðeɪ] - sie
thing [ˈθɪŋ] - Ding, das
thinks [ˈθɪŋks] - denkt
third [ˈθɜːd] - dritte
thirteen [ˈθɜːˈtiːn] - dreizehn
this [ˈðɪs] - diese
those [ˈðoʊz] - diese
though [ˈðoʊ] - jedoch
thought [ˈθɔːt] - dachte
thoughtfully [ˈθɔtfəli] - nachdenklich
thoughtlessly [ˈθɔːtləsli] - gedankenlos
thoughts [ˈθɔːts] - Gedanken, die
thread [ˈθred] - Faden, der
three [ˈθriː] - drei; three o'clock [θriː əˈklɑːk] - drei Uhr
threw [ˈθruː] - geworfen
through [θruː] - durch
throw out [ˈθroʊ aʊt] - wegwerfen
ticket [ˈtɪkət] - Ticket, das
tie [ˈtaɪ] - binden
ties [ˈtaɪz] - bindet
tight [ˈtaɪt] - fest
tightly [ˈtaɪtli] - fest
till [ˈtɪl] - bis
tilted [ˈtɪltəd] - geneigt
time [ˈtaɪm] - Zeit, die
tiptoe [ˈtɪpˌtoʊ] - Zehenspitzen, die
tired [ˈtaɪərd] - müde
to [tuː] - in, nach, zu
today [təˈdeɪ] - heute
together [təˈgeðər] - zusammen
told [toʊld] - gesagt
tomato [təˈmeɪˌtoʊ] - Tomate, die
tomorrow [təˈmɑːˌroʊ] - morgen
tone [ˈtoʊn] - Ton, der
too [ˈtuː] - auch
took [ˈtʊk] - nahm
tooth [ˈtuːθ] - Zahn, der
toothache [ˈtuːθeɪk] - Zahnschmerzen, die
top [ˈtɑːp] - Spitze, die
top-notch [ˈtɑpnɔtʃ] - erstklassig
tore [ˈtɔːr] - zerriss
tourniquet [tərnɪkət] - Tourniquet, das
towards [təˈwɔːrdz] - zu
towel [ˈtaʊəl] - Handtuch, das
town [ˈtaʊn] - Stadt, die
toys [ˌtɔɪz] - Spielzeuge, die
traditions [trəˈdɪʃnz] - Traditionen, die

train ['treɪn] - Zug, der
trained ['treɪnd] - trainiert
tram ['træm] - Straßenbahn, die
translate [trænz'leɪt] - übersetzen
translation [trænz'leɪʃn] - Übersetzung, die
transportation [ˌtrænspər'teɪʃn] - Verkehrsmittel, die
trash ['træʃ] - Müll, der
traveling ['trævəlɪŋ] - reist
treats ['triːts] - behandelt
tree ['triː] - Baum, der
tries ['traɪz] - versucht
triumphs ['traɪəmfs] - siegt
trucks ['trəks] - Lastwägen, die
true ['truː] - wahr
trunk ['trʌŋk] - Kofferraum, der
truth ['truːθ] - Wahrheit, die
try ['traɪ] - versuchen; try hard [traɪ 'hɑːrd] - sich sehr bemühen
trying ['traɪɪŋ] - versucht
tube ['tuːb] - Tube, die
Tuesday ['tuːzdi] - Dienstag, der
tulips ['tuːləps] - Tulpen, die
tunnel ['tʌnl] - Tunnel, der
turns ['tɚːnz] - dreht
twenty ['twenti] - zwanzig
Twitter ['twɪtər] - Twitter
two ['tuː] - zwei
Uu
unchecked [ən'tʃekt] - unkorrigiert
uncivilized [ʌn'sɪvəlaɪzd] - unzivilisiert
uncle ['ʌŋkl] - Onkel, der
under ['ʌndər] - unter
understand [ˌʌndər'stænd] - versteht; understands [ˌʌndər'stændz] - versteht
understood [ˌʌndər'stʊd] - verstand
uneasy [ʌ'niːzi] - unruhig
unexpectedly [ˌʌnɪk'spektədli] - unerwartet
unfortunately [ʌn'fɔːrtʃənətli] - unglücklicherweise
uniform ['juːnəˌfɔːrm] - Uniform, die
university [ˌjuːnɪ'vɚːsəti] - Universität, die
unpleasant [ʌn'plezənt] - unerfreulich
unusual [ʌ'njuːʒəwəl] - ungewöhnliche
unusually [ʌ'njuːʒəwəli] - ungewöhnlich
upset [əp'set] - traurig
urgently ['ɚːdʒəntli] - dringend
us [əz] - uns

uses ['juːsɪz] - benutzt
using ['juːzɪŋ] - verwendet
usually ['juːʒuəli] - normalerweise
Vv
vacation [ve'keɪʃn] - Urlaub, der
vaccinations [ˌvæksə'neɪʃnz] - Impfungen, die
valuable ['væljʊəbl] - wertvoll
various ['veriəs] - verschiedene
vegetables ['vedʒtəblz] - Gemüse, das
very ['veri] - sehr
village ['vɪlɪdʒ] - Dorf, das
visit ['vɪzət] - besucht
visiting ['vɪzətɪŋ] - besucht gerade
voice [ˌvɔɪs] - Stimme, die
Ww
wadding ['wɔdɪŋ] - Fütterung, die
wait ['weɪt] - warten
waiter ['weɪtər] - Kellner, der
waiting ['weɪtɪŋ] - wartet
wakes up ['weɪks ʌp] - wacht auf
walk ['wɑːk] - Spaziergang, der; walking ['wɔːkɪŋ] - gehend, spazierend
walk the dog [wɑːk ði: dɑːg] - mit dem Hund Gassi gehen
want ['wɑːnt] - wollen; wants ['wɑːnts] - will
warn ['wɔːrn] - Bescheid sagen
was [wʌz] - war
washes ['wɑːʃəz] - wäscht
wasn't ['wɑːzənt] - war nicht
waste ['weɪst] - vergeuden
watch ['wɑːtʃ] - aufpassen
watches ['wɑːtʃəz] - beobachtet
watching ['wɑːtʃɪŋ] - beobachtet
water ['wɔtər] - Wasser, das
way ['weɪ] - Art, die
we [wi] - wir
weather ['weðər] - Wetter, das
Wednesday ['wenzdi] - Mittwoch, der
week ['wiːk] - Woche, die
weekend ['wiːˌkend] - Wochenende, das
well ['wel] - gut
well-fed ['wel] - gut gefüttert
went ['went] - ging
were [wɚːr] - wärst
what ['wət] - was
wheel ['wiːl] - Laufrad, das
when ['wen] - wann
where ['wer] - wo

which [ˈwɪtʃ] - welche
while [ˈwaɪl] - während
white [ˈwaɪt] - weiß
who [ˈhuː] - wer
whole [hoʊl] - ganz
why [ˈwaɪ] - warum
wide-eyed [ˈwaɪd] - mit großen Augen
widely [ˈwaɪdli] - weit
wife [ˈwaɪf] - Ehefrau, die
will [wɪl] - werden
window [ˈwɪndoʊ] - Fenster, das
wipe off [ˈwaɪp ˈɔf] - abwischen
wisest [ˈwaɪzəst] - weiseste
with [wɪθ] - mit
without [ˌwɪˈθaʊt] - ohne
woman [ˈwʊmən] - Frau, die
wonder [ˈwʌndər] - wundert
wonderful [ˈwʌndərfəl] - wunderbar
wood [ˈwʊd] - Holz, das
word [ˈwɝːd] - Wort, das
work [ˈwɝːk] - Arbeit, die
working [ˈwɝːkɪŋ] - arbeiten
workplace [ˈwɝːkpleɪs] - Arbeitsplatz, der

works [ˈwɝːks] - arbeitet
worried [ˈwɜːrid] - besorgt
worry [ˈwɜːri] - Sorge, die
would [ˈwʊd] - würde
wrap [ˈræp] - einpacken
writer [ˈraɪtər] - Schriftsteller, der
writes [ˈraɪts] - schreibt
written [ˈrɪtn] - geschrieben
wrote [roʊt] - schrieb

Yy

yard [ˈjɑːrd] - Hof, der
year [ˈjɪr] - Jahr, das; years [ˈjɪrz] - Jahre, die
yellow [ˈjeloʊ] - gelb
yes [ˈjes] - ja
yesterday [ˈjestərˌdi] - gestern
yet [ˈjet] - schon
you [ju] - du, Sie
you're [jər] - du bist, Sie sind; you're welcome [jər ˈwelkəm] - gern geschehen
young [ˈjʌŋ] - jung; younger [ˈjʌŋgər] - jünger
your [jər] - dein

Zz

Zeus [ˈzuːs] - Zeus

German-English dictionary

Aa
Abend, der - evening [ˈiːvnɪŋ]
Abendessen, das - dinner [ˈdɪnər]
Abenteuer, die - adventures [ædˈventʃərz]
aber - but [bʌt]
abfahrend - departing [dəˈpɑːrtɪŋ]
abprüfen - quiz [ˈkwɪz]
Abteil, das - compartment [kəmˈpɑːrtmənt]
abwischen - wipe off [ˈwaɪp ˈɔf]
Account, der - account [əˈkaʊnt]
acht - eight [ˈeɪt]
achtjährige - eight-year-old [ˈeɪt]
Actionfilm, der - action film [ˈækʃn ˈfɪlm]
Adresse, die - address [ˈæˌdres]
ähnlich - similar [ˈsɪmələr]
aktiv - active [ˈæktɪv]
alle - all [ˈɔl], everybody [ˈevrɪˌbɑːdi]
alle, jeder - everyone [ˈevrɪˌwən]
alleine - alone [əˈloʊn]
alles - everything [ˈevrɪˌθɪŋ]
als - than [ðæn]
alt - old [oʊld]
alte - ancient [ˈeɪntʃənt]
älterer - elderly [ˈeldərli]
Alternative, die - alternative [ɔlˈtɜːnətɪv]
älteste - oldest [ˈoʊldɪst]
am lautesten - loudest [ˈlaʊdəst]
anbieten - offer [ˈɔfər]
anderen - other [ˈʌðr]
ändern - change [ˈtʃeɪndʒ]
anders - different [ˈdɪfərənt]
Anfang, der - beginning [bɪˈgɪnɪŋ]
Angelegenheit, die - matter [ˈmætər]
Angestellte, der - employee [emˌplɔɪi]
Angst haben - be afraid [bi əˈfreɪd]
Angst, die - fear [ˈfɪr]
Ankunft, die - arrival [əˈraɪvl]
Anns - ann's [ˈænz]
anrufen - phone [ˈfoʊn]
Anstrengung, die - strain [ˈstreɪn]
antworten - answer [ˈænsər]; antwortet - answers [ˈænsərz], replies [rəˈplaɪz]
Apfel, der - apple [ˈæpl]
Aquarium, das - aquarium [əˈkweriəm]
Arbeit, die - work [ˈwɜːk]
arbeiten - working [ˈwɜːkɪŋ]
arbeitet - works [ˈwɜːks]
Arbeitsbereich, der - field [ˈfiːld]
Arbeitsbuch, das - textbook [ˈtekstˌbʊk]
Arbeitsplatz, der - workplace [ˈwɜːkpleɪs]
Architekt, der - architect [ˈɑːrkɪˌtekt]
Arme, die - arms [ˈɑːrmz]
Art, die - way [ˈweɪ]
Arzt, der - doctor [ˈdɑːktər]
Arztpraxis, die - surgery [ˈsɜːdʒəri]
asiatisch - Asian [ˈeɪʒn]
Ast, der - branch [ˈbræntʃ]
Äste, die - branches [ˈbræntʃəz]
atmend - breathing [ˈbriːðɪŋ]
attackiert - attacks [əˈtæks]
auch - also [ˈɔlsoʊ], too [ˈtuː]
auf jeden Fall - certainly [ˈsɜːtənli]
auf, bei, zu - at [æt]
Aufgabe, die - assignment [əˈsaɪnmənt], task [ˈtæsk]
aufgeregt - excitedly [ɪkˈsaɪtədli]
aufhellen - improve [ˌɪmˈpruːv]
aufhören - stop [ˈstɑːp]
aufladen - charge [ˈtʃɑːrdʒ]
aufleuchten - light [ˈlaɪt ʌp]
aufmerksam - attentively [əˈtentɪvli]
aufpassen - watch [ˈwɑːtʃ]
Aufsatz, der - composition [ˌkɑːmpəˈzɪʃn]
Aufschrift, die - inscription [ˌɪnˈskrɪpʃn]
aufstehen - get up [ˈget ʌp]
Aufzug, der - elevator [ˈeləˌvetər]
Augen, die - eyes [ˈaɪz]
Ausdruck, der - expression [ɪkˈspreʃn], term [ˈtɜːm]
auseinander - apart [əˈpɑːrt]
Ausgabe, die - issue [ˈɪʃuː]
Ausgang, der - exit [ˈegzət]
ausgeben - spending [ˈspendɪŋ]
ausgegangen - ended [ˈendəd]
ausloggen - log out [lɔːg aʊt]
ausschalten - switch off [ˈswɪtʃ ˈɔf]
außerdem - besides [bəˈsaɪdz]
äußere - outward [ˈaʊtwərd]
Ausstellung, die - exhibition [ˌeksəˈbɪʃn]
austauschen - exchange [ɪksˈtʃeɪndʒ]
Auto, das - car [ˈkɑːr]
Autor, der - author [ˈɔθər]

Bb

backen - bake [ˈbeɪk]
backend - baking [ˈbeɪkɪŋ]
Backrohr, das - oven [ˈʌvn]
Badeanzug, der - swimsuit [ˈswɪmˌsuːt]
bald - soon [ˈsuːn]
Ball, der - ball [ˈbɔl]
Bank, die - bench [ˈbentʃ]
Barbar, der - barbarian [barˈberiən]
Bargeld, das - cash [ˈkæʃ]
Bau, der - building [ˈbɪldɪŋ]
Bauarbeiter, die - builders [ˈbɪldərz]
Bauarbeiters, des - builder's [ˈbɪldərz]
Baufirma, die - building firm [ˈbɪldɪŋ ˈfɝːm], construction company [kənˈstrəkʃn ˈkʌmpəni]
Baum, der - tree [ˈtriː]
beachten - pay attention [peɪ əˈtenʃn]
bedeutet - means [ˈmiːnz]
Bedeutung, die - meaning [ˈmiːnɪŋ]
beeindrucken - impress [ˌɪmˈpres]
beeindruckt - impressed [ˌɪmˈprest]
befestigt - attached [əˈtætʃt]
begann - began [bɪˈgæn]
beginnt - begins [bɪˈgɪnz], starts [ˈstɑːrts]
begleitet - accompanies [əˈkəmpəniz]
begrüßt - greets [ˈgriːts]
behält - keeps [ˈkiːps]
behandelt - treats [ˈtriːts]
beheben - eliminate [əˈlɪməˌnet]
bei, an - by [baɪ]
beige - beige [ˈbeɪʒ]
beinahe - almost [ˈɔːlmoʊst]
Beine, die - legs [ˈlegz]
beißen - bite [baɪt]
beitretend - joining [ˌdʒɔɪnɪŋ]
bekannt - acquainted [əˈkweɪntəd]
Bekannte, der - acquaintance [əˈkweɪntəns]
bekommen - got [ˈgɑːt], gotten [ˈgɑːtn]
bekommt Angst - gets scared [[ˈgets ˈskerd]
bekreuzigt - crosses [ˈkrɔsəz]
bellen - bark [ˈbɑːrk]
bellend - barking [ˈbɑːrkɪŋ]
bellt - barks [ˈbɑːrks]
bellte - barked [ˈbɑːrkt]
bemerkt - notices [ˈnoʊtɪsɪz]
benutzt - uses [ˈjuːsɪz]

beobachtet - watches [ˈwɑːtʃəz], watching [ˈwɑːtʃɪŋ]
bequem - comfortably [ˈkʌmfərtəbli]
bereit - ready [ˈredi]
Berg, der - mountain [ˈmaʊntən]
berühmt - famous [ˈfeɪməs]
berühmteste - most famous [moʊst ˈɪntrəstɪŋ]
beschäftigt - busy [ˈbɪzi]
Bescheid sagen - warn [ˈwɔːrn]
bescheiden - modest [ˈmɑːdəst]
beschloßen - decided [dəˈsaɪdəd]
Besitzer, der - owner [ˈoʊnər]; Besitzer, die - owners [ˈoʊnərz]
besonders - especially [əˈspeʃli]
besorgt - worried [ˈwɜːrid]
bespritzt - splashes [ˈsplæʃəz], splattered [ˈsplætərd]
besser - better [ˈbetər]
bestätigt - confirmed [kənˈfɝːmd]
besten - best [ˈbest]
besuchen - attend [əˈtend]
besucht - pays a visit [ˈpeɪz eɪ ˈvɪzət], visit [ˈvɪzət]; besucht gerade - visiting [ˈvɪzətɪŋ]
beten - pray [ˈpreɪ]
Betrag, der - sum [ˈsəm]
betreten - enters [ˈentərz]
Bett, das - bed [ˈbed]
bevor - before [bɪˈfɔːr]
bewältigen - overcome [ˌoʊvəˈkʌm]
bewegen - move [ˈmuːv]
beweisen - prove [ˈpruːv]
bewerben - apply [əˈplaɪ]
bewundert - admires [ædˈmaɪrz]
bezauberndes - charming [ˈtʃɑːrmɪŋ]
Bibel, die - Bible [ˈbaɪbl]
Bibliothek, die - library [ˈlaɪˌbreri]
biegt - bends [ˈbendz], bows [ˈbaʊz]
Bild, das - picture [ˈpɪktʃər]
Bildschirm, der - screen [ˈskriːn]
bin - am [æm]
binden - tie [ˈtaɪ]
bindet - ties [ˈtaɪz]
bis - till [ˈtɪl]
bitte - please [ˈpliːz]
bittet - asking [ˈæskɪŋ]
Blatt, das - sheet [ˈʃiːt]
blättern - flip [ˈflɪp]
bleiben - stay [ˈsteɪ], remain [rəˈmeɪn]

bleibt - stays [ˈsteɪz]
bleich - pale [ˈpeɪl]
Blick, der - gaze [ˈgeɪz]
Blicke, die - glances [ˈglænsəz]
blöde - stupid [ˈstuːpəd]
blühen - blossom [ˈblɑːsəm]
Blumen, die - flowers [ˈflaʊərz]
Blumenbeet, das - flowerbed [ˈflaʊəbed]
Boden, der - floor [ˈflɔːr]
Bonbon, das - candy [ˈkændi]
Bonuszahlungen, die - bonuses [ˈboʊnəsəz]
böse - bad [ˈbæd]
braten - fry [ˈfraɪ]
brauche - need [ˈniːd]
Bräuche, die - customs [ˈkʌstəmz]
braucht - needs [ˈniːdz]
brennt - burns [ˈbɝːnz]
Brief, der - letter [ˈletər]
Briefkuvert, das - envelope [ˈenvəloʊp]
bringt - brings [ˈbrɪŋz]
Brot, das - bread [ˈbred]
Bruder, der - brother [ˈbrʌðr]
Bücher, die - books [ˈbʊks]
Bügeleisen, das - iron [ˈaɪərn]
Bund, der - bunch [ˈbəntʃ]
Büro, das - office [ˈɑːfəs]
Bus, der - bus [ˈbəs]
Busbahnhof, der - station [ˈsteɪʃn]
Bussteig, der - platform [ˈplætˌfɔːrm]
Cc
Café, das - café [ˈkæfeɪ]
chatten - chat [ˈtʃæt]
Chef, der - chief [ˈtʃiːf]
College, das - college [ˈkɑːlɪdʒ]
Computer, der - computer [kəmˈpjuːtər]
Creme, die - cream [ˈkriːm]
Dd
dachte - thought [ˈθɔːt]
danken - thank [ˈθæŋk]
dann - then [ˈðen]
das ist, so - that's [ðæts]
dass - that [ðæt]
Datei, die - file [ˈfaɪl]
Decke, die - ceiling [ˈsiːlɪŋ]
Deckel, der - lid [ˈlɪd]
Defekt, der - defect [ˈdiːfekt]
definitiv - definitely [ˈdefənətli]
dehnen - stretch [ˈstretʃ]

dein - your [jər]
Dekorationen, die - decorations [ˌdekəˈreɪʃnz]
Delikatesse, die - delicacy [ˈdeləkəsi]
denkt - thinks [ˈθɪŋks]
der, die, das - the [ðiː]
des Hundes - dog's [ˈdɔgz]
Detail, das - detail [dəˈteɪl]
deutlich - distinctly [ˌdɪˈstɪŋktli]
dicker - fatter [ˈfætər]
Dienstag, der - Tuesday [ˈtuːzdi]
diese - these [ðiːz]; this [ðɪs]; those [ðoʊz]
Ding, das - thing [ˈθɪŋ]
direkt - directly [dəˈrektli]
direkt, gerade - straight [ˈstreɪt]
diskutieren - discuss [ˌdɪˈskəs]
diszipliniert - disciplined [ˈdɪsəplənd]
Dollar, der - dollars [ˈdɑːlərz]
Dorf, das - village [ˈvɪlɪdʒ]
dort - there [ðer]
draußen - outside [ˈaʊtˈsaɪd]
dreht - turns [ˈtɝːnz]
drei - three [ˈθriː]; drei Uhr - three o'clock [θri: əˈklɑːk]
dreizehn - thirteen [ˈθɝːˈtiːn]
dringend - urgently [ˈɝːdʒəntli]
dritte - third [ˈθɝːd]
Druck, der - print [ˈprɪnt]
drücken - pushing [ˈpʊʃɪŋ]
drückt - presses [ˈpresəz]
du bist, Sie sind - you're [jər]
du, Sie - you [ju]
dumm - silly [ˈsɪli]
dunkel - dark [ˈdɑːrk]
durch - through [θruː]
durchschlafen - get a good night's sleep [get eɪ gʊd ˈnaɪts sliːp]
Ee
Ecke, die - corner [ˈkɔːrnər]
Ehefrau, die - wife [ˈwaɪf]
Ehemann, der - husband [ˈhʌzbənd]
ehrlich - honestly [ˈɑːnəstli]
eigener - own [ˈoʊn]
Eile, die - hurry [ˈhɝːri]
Eimer, der - bucket [ˈbʌkət]
ein - a [eɪ]; an [æn]; one [wʌn]
ein Kompliment gemacht - paid a compliment [ˈpeɪd eɪ ˈkɑːmpləment]
ein wenig - slightly [sˈlaɪtli]

Eindrücke, die - impressions [ˌɪmˈpreʃnz]
einem anderen - another [əˈnʌðr]
einen Spalt offen stehen - ajar [əˈdʒɑːr]
einfach - simple [ˈsɪmpl]; easily [ˈiːzəli], simply [ˈsɪmpli]
einfacher - easier [ˈiːziər]
einfetten - grease [ˈgriːs]
Einfluss, der - influence [ˈɪnfluːəns]
einige - several [ˈsevrəl]; few [ˈfjuː], some [sʌm]
Einkäufe, die - purchases [ˈpɝːtʃəsəz]
einladen - loading [ˈloʊdɪŋ]
einpacken - wrap [ˈræp]
einschlafen - fall [ˈfɑːl əˈsliːp]
einstellen - hire [ˈhaɪər]
einzigen - single [ˈsɪŋgl]
elektrisch - electric [əˈlektrɪk]
Elektronik, die - electronics [əˌlekˈtrɑːnɪks]
Eltern, die - parents [ˈperənts]
E-Mail, die - e-mail [ˈiːmeɪl]
emotional - emotionally [ɪˈmoʊʃənəli]
empfehlen - advise [ædˈvaɪz]
empfiehlt - recommends [ˌrekəˈmendz]
empört - outraged [ˈaʊˌtredʒd]
Ende, das - end [ˈend]
endlos - endless [ˈendləs]
englisch - English [ˈɪŋˌglɪʃ]
enthusiastisch - enthusiastically [enˌθuːziˈæstɪkli]
entlassen - dismiss [ˌdɪˈsmɪs]
Entlassung, die - dismissal [ˌdɪˈsmɪsl]
entscheidet - decides [dəˈsaɪdz]
Entschuldigen Sie - Excuse me [ɪkˈskjuːs miː]
entsprechend - according [əˈkɔːrdɪŋ]
entweder ... oder - either ... or [ˈiːðər ɔːʳ]
entzückt - charmed [ˈtʃɑːrmd]
er - he [hi]
Erfahrung, die - experience [ɪkˈspɪriəns]
erfindet - invents [ˌɪnˈvents]
erfolgreich - successfully [səkˈsesfəli]
erfreut - gladly [ˈglædli]
erhält - receive [rəˈsiːv]
erinnern - remember [rəˈmembər]
erinnerst - remind [riˈmaɪnd]
erinnert - recalls [ˈriːˌkɔlz]
erkenne wieder - recognize [ˈrekəgˌnaɪz]
erklärt - explains [ɪkˈspleɪnz]
Erklärung, die - explanation [ˌekspləˈneɪʃn]

ernst - serious [ˈsɪriəs]; seriously [ˈsɪriəsli]
erreichen - reach [ˈriːtʃ]
errötet - blushing [ˈblʌʃɪŋ]
erscheinen - appear [əˈpɪr]
Erscheinung, die - appearance [əˈpɪrəns]
Erstaunen, das - amazement [əˈmeɪzmənt]; astonishment [əˈstɑːnɪʃmənt]
ersten - first [ˈfɝːst]
erstklassig - top-notch [ˈtɒpnɒtʃ]
erwartet - expect [ɪkˈspekt]
erwischen - spot [ˈspɑːt]
erzählt - tells [ˈtelz]
es - it [ˈɪt]
es ist - it's [ɪts]; es ist schade - it's a pity [[ɪts eɪ ˈpɪti]
es scheint - seems [ˈsiːmz]
es sich bequem machen - settles down [ˈsetlz daʊn]
Essays, die - essays [eˈseɪz]
essen - eat [ˈiːt]
Essen, das - meal [ˈmiːl]
essend - eating [ˈiːtɪŋ]
etwas - something [ˈsʌmθɪŋ]
Ewigkeit, die - eternity [ˌɪˈtɝːnəti]
Exkremente, die - excrements [ˈekskrəməntz]
exotisch - exotic [ɪgˈzɑːtɪk]
Explosion, die - explosion [ɪkˈsploʊʒn]
Ff
Fachmann, der - professional [prəˈfeʃənəl]
Faden, der - thread [ˈθred]
Fahrer, der - driver [ˈdraɪvər]
fährt - drives [ˈdraɪvz], driving [ˈdraɪvɪŋ]; fährt ab - departs [dəˈpɑːrts]
Fall, der - case [ˈkeɪs]
falsch - incorrect [ˌɪnkəˈrekt]
Familie, die - family [ˈfæməli]
fängt - catches [ˈkætʃəz]
Fans, die - fans [ˈfænz]
farbige - colorful [ˈkələrfəl]
faul - lazy [ˈleɪzi]
fed [ˈwel] - gut gefüttert - well
fehlen - missing [ˈmɪsɪŋ]
Fehler, der - mistake [ˌmɪˈsteɪk]
Feier, die - celebration [ˌseləˈbreɪʃn]
Fenster, das - window [ˈwɪndoʊ]
fest - tight [ˈtaɪt], tightly [ˈtaɪtli]
festlich - festive [ˈfestɪv]
festnehmen - detain [dəˈteɪn]

fett - fat [ˈfæt]
feuern - fire [ˈfaɪər]
Feuerwerke, die - fireworks [ˈfaɪˌrwərks]
Figuren, die - figures [ˈfɪgjərz]
Film, der - film [ˈfɪlm], movie [ˈmuːvi]
finden - find [ˈfaɪnd]
Finger, der - finger [ˈfɪŋgər]
Firma, die - company [ˈkʌmpəni], firm [ˈfɝːm]
Fisch, der - fish [ˈfɪʃ]
fischen - fishing [ˈfɪʃɪŋ]
fliegen - fly [ˈflaɪ]
fliegt - flies [ˈflaɪz]
Flug, der - flight [ˈflaɪt]
Flugzeug, das - plane [ˈpleɪn]
Fluss, der - river [ˈrɪvər]
folgendem - following [ˈfɔloʊɪŋ]
folgt - follows [ˈfɔloʊz]
Folie, die - foil [ˌfɔɪl]
fordernde - demanding [ˌdɪˈmændɪŋ]
fordert - demands [ˌdɪˈmændz]
Formular, das - form [ˈfɔːrm]
Forum, das - forum [ˈfɔːrəm]
Fotos, die - photos [ˈfoʊtoʊz]
fragen - ask [ˈæsk]
Fragen, die - questions [ˈkwestʃənz]
fragt - asks [ˈæsks]; fragt nach - inquires [ˌɪnˈkwaɪərz]
Frau, die - woman [ˈwʊmən]
Freitag, der - Friday [ˈfraɪdi]
Freizeit, die - spare time [ˈsper taɪm]
Freund, der - friend [ˈfrend]
Freunde, die - friends [ˈfrendz]
freundlich - politely [pəˈlaɪtli]
Friede, der - peace [ˈpiːs]
fröhlich - happily [ˈhæpɪli], merrily [ˈmerəli]; cheerful [ˈtʃɪrfəl], cheerfully [ˈtʃɪrfəli]
fröhlicher - happy [ˈhæpi]
Früchte, die - fruits [ˈfruːts]
früh - early [ˈɝːli]
früher - earlier [ˈɝːliər]
früherer - former [ˈfɔːrmər]
Frühling, der - spring [ˈsprɪŋ]
fühlen - feel [ˈfiːl]
fühlt - feels [ˈfiːlz]
führt - leads [ˈliːdz]
fünf - five [ˈfaɪv]
fünfte - fifth [ˈfɪfθ]

fünfzehn - fifteen [ˌfɪfˈtiːn]
Funk, der - radio [ˈreɪdiˌoʊ]
für - for [fɔːr]
fürchterlich - awfully [ˈɑːfli], terribly [ˈterəbli]
Fuß, der - foot [ˈfʊt]
Futter, das - food [ˈfuːd]
füttern - feed [ˈfiːd]
Fütterung, die - wadding [ˈwɔdɪŋ]
Gg
Gabel, die - fork [ˈfɔːrk]
ganz - entire [enˈtaɪər], whole [hoʊl], completely [kəmˈpliːtli]
Garten, der - garden [ˈgɑːrdn]
Gast, der - guest [ˈgest]
Gebäude, die - buildings [ˈbɪldɪŋz]
gebe zu - admit [ədˈmɪt]
gebissen - bit [ˈbɪt]
gebracht - brought [ˈbrɔːt]
Geburtstag, der - birthday [ˈbɝːθˌde]
Gedanken, die - thoughts [ˈθɔːts]
gedankenlos - thoughtlessly [ˈθɔːtləsli]
Gedichte, die - poems [ˈpoʊɪmz]
geduldig - patiently [ˈpeɪʃəntli]
geeignet - suitable [ˈsuːtəbl]
gefährlich - dangerous [ˈdeɪndʒərəs]
gefangen - caught [ˈkɔːt]
gefasst - holding [ˈhoʊldɪŋ]
gefeuert - fired [ˈfaɪərd]
Gefühle, die - feelings [ˈfiːlɪŋz]
gefunden - found [ˈfaʊnd]
gegeben - given [ˈgɪvn]
gegen - against [əˈgenst]
Gegenstände, die - objects [ˈɑːbdʒekts]
Gehalt, das - salary [ˈsæləri]
gehen - go [ˈgoʊ]
gehend, spazierend - walking [ˈwɔːkɪŋ]
gehorsam - obedient [oˈbiːdiənt]
gehört - belongs [bɪˈlɔːŋz]
geht - goes [goʊz]; geht weiter - continued [kənˈtɪnjuːd]
gekauft - bought [ˈbɔːt]
gekracht - crashed [ˈkræʃt]
gelb - yellow [ˈjeloʊ]
Geld, das - money [ˈmʌni]
gelernt - learned [ˈlɝːnd]
gemacht - done [ˈdən]
gemeinsam - common [ˈkɑːmən]

123

Gemüse, das - vegetables [ˈvedʒtəblz]
genau - accurate [ˈækjərət]; closely [ˈkloʊsli], exactly [ɪgˈzæktli]
genau, sorgfältig - carefully [ˈkerfəli]
geneigt - tilted [ˈtɪltəd]
genießen - enjoy [enˌdʒɔɪ]
genug - enough [əˈnəf]
Gepäck, das - baggage [ˈbægədʒ], luggage [ˈlʌgədʒ]
Gepard, der - cheetah [ˈtʃiːtə]
Gerechtigkeit, die - justice [ˈdʒʌstɪs]
gerettet - saved [ˈseɪvd]
Gericht, das - court [ˈkɔːrt]; dish [ˈdɪʃ]
gern geschehen - you're welcome [jər ˈwelkəm]
gerne etwas tun - like [ˈlaɪk]; gerne haben - likes [ˈlaɪks]
Geruch, der - smell [ˈsmel]
gerufen - sent [ˈsent]
gesagt - said [ˈsed], told [toʊld]
geschäftlich - on business [ɑːn ˈbɪznəs]
Geschäftsführer, der - manager [ˈmænədʒər]
Geschenk, das - present [ˈprezənt]
Geschenke, die - gifts [ˈgɪfts]
Geschichte, die - history [hɪstri]; story [ˈstɔːri]
Geschichten, die - stories [ˈstɔːriz]
geschnittenes - cut [ˈkət]
geschrieben - written [ˈrɪtn]
Geschwindigkeit, die - speed [ˈspiːd]
gesehen - saw [ˈsɔ]
Gesetze, die - laws [ˈlɔz]
Gesicht, das - face [ˈfeɪs]
gespielt - playing [ˈpleɪɪŋ]
Gespräch, das - conversation [ˌkɑːnvərˈseɪʃn]
gesprochen - spoke [spoʊk]
Geständnis, das - confession [kənˈfeʃn]
gestern - yesterday [ˈjestərˌdi]
gestohlen - stolen [ˈstoʊlən]
gesund - healthy [ˈhelθi]
gesunder Menschenverstand - common sense [ˈkɔmən ˈsens]
getrennt - separated [ˈsepəˌretəd]
getroffen - met [ˈmet]
gewagten - daring [ˈderɪŋ]
gewesen - been [ˈbɪn]
gewissenhaft - careful [ˈkerfəl]
gewöhnlich - ordinary [ˈɔːrdəˌneri]
geworfen - threw [ˈθruː]

gezeigt - shown [ˈʃoʊn]
gibt - gives [ˈgɪvz]
gibt Halt, hält fest - supports [səˈpɔːrts]
ging - went [ˈwent]
glaubt - believes [bəˈliːvz]
gleich hier - right here [ˈraɪt hɪər]
gleichen - same [ˈseɪm]
gleichgültig - indifferent [ˌɪnˈdɪfrənt]
Glück haben - be lucky [bi ˈlʌki]
Glück, das - luck [ˈlək]
glücklich - glad [ˈglæd]
Goldfisch, der - goldfish [ˈgoʊldfɪʃ]
Gott, der - god [ˈgɑːd]
grauenvoll - awful [ˈɑːfl]
Griechenland, das - Greece [ˈgriːs]
groß - big [ˈbɪg]
großartige - magnificent [mægˈnɪfəsənt]
großartiges - excellent [ˈeksələnt]
Größe, die - size [ˈsaɪz]
großer - great [ˈgreɪt]
größte - biggest [ˈbɪgəst]
Gummi, der - rubber [ˈrʌbər]
gut - good [ˈgʊd], well [ˈwel]
Hh
Haar, das - hair [ˈher]
haben - have [hæv]
Hähnchen, das - chicken [ˈtʃɪkən]
halbe - half [ˈhæf]
hallo - hello [həˈloʊ], hi [ˈhaɪ]
Halsband, das - collar [ˈkɑːlər]
hält - holds [hoʊldz]
hält sich - considers [kənˈsɪdərz]
halten - hold [hoʊld]
Hamster, der - hamster [ˈhæmstər]
Hände, die - hands [ˈhændz]
Handtuch, das - towel [ˈtaʊəl]
Handy, das - telephone [ˈteləˌfoʊn]
hängen - hang [ˈhæŋ]
hängt - hanging [ˈhæŋɪŋ]
hat - has [hæz]
hat Erfolg - succeeds [səkˈsiːdz]
hatte - had [hæd]
Haupt- - main [ˈmeɪn]
Hauptstadt, die - capital [ˈkæpətəl]
Haus, das - house [ˈhaʊs]
Hausarbeit, die - chores [ˈtʃɔːrz]
Hausaufgabe, die - homework [ˈhoʊmwɜːk]
Haushalt, der - household [ˈhaʊshoʊld]

Haustier, das - pet ['pet]
Haustiere, die - pets ['pets]
Hebräisch, das - Hebrew ['hiːbruː]
Heer, das - army ['aːrmi]
Heilige, der - Saint ['seɪnt]
Heimatstadt, die - hometown ['homˌtaːwn]
heimlich - secretly ['siːkrətli]
heiraten - marry ['meri]
heißt - named ['neɪmd], called ['kɔld]
helfen - help ['help]
heranwächst - grow ['groʊ]
heraus - out ['aʊt]
Herbst, der - autumn ['ɔtəm]
Herr, der - mister ['mɪstər]
herum - around [əˈraʊnd]
hervorragend, großartig - fine ['faɪn]
hervorstehend - sticking out ['stɪkɪŋ aʊt]
heute - today [təˈdeɪ]
hier - here [hɪər]
hilft - helps ['helps]
hinter - behind [bəˈhaɪnd]
Hinweis, der - hint ['hɪnt]
hoch - tall ['tɔl]
höchste - highest ['haɪəst]
Hof, der - yard ['jaːrd]
hoffe - hope [hoʊp]
Holz, das - wood ['wʊd]
hören - hear ['hɪr]
hört - hears ['hɪrz]; hört zu - listening
    ['lɪsnɪŋ], listens ['lɪsnz]
Hotel, das - hotel [ˌhoʊˈtel]
Hund, der - dog ['dɔːg]
Hundehütte, die - doghouse ['dɔgˌhaːws]
hundert - hundred ['hʌndrəd]
Hurrikan, der - hurricane ['hɜːrəˌken]
Ii
ich - I ['aɪ]
ich bin - I'm ['aɪm]
ich selbst - myself [ˌmaɪˈself]
ich werde - I'll ['aɪl]
ich würde - I'd [aɪd]
ihn, ihm - him [hɪm]
ihr, ihre - their ['ðer]
immer - always ['ɔˌlwez]; immer noch - still
    ['stɪl]
Impfungen, die - vaccinations [ˌvæksəˈneɪʃnz]
in - in [ɪn], into [ˌɪnˈtuː]
in den Augen behalten - glancing ['glænsɪŋ]

in der Nachbarschaft - neighboring ['neɪbərɪŋ]
in der Nähe - nearby ['nɪrˈbaɪ]
in letzter Zeit - lately ['leɪtli]
in Ordnung - OK [ˌoʊˈkeɪ], okay [ˌoʊˈkeɪ]
in, nach, zu - to [tuː]
innere - inner ['ɪnər]
Innere, das - inside [ˌɪnˈsaɪd]
installiert - install [ˌɪnˈstɔl]
Institut, das - department [dəˈpaːrtmənt]
intelligent - smart ['smaːrt]
Intelligenz, die - intelligence [ˌɪnˈtelədʒəns]
interessant - interesting ['ɪntrəstɪŋ]
interessanteste - most interesting [moʊst
    'ɪntrəstɪŋ]
Interesse, das - interest ['ɪntrəst]
interessiert - interested ['ɪntrəstəd]
Internet, das - Internet ['ɪntərˌnet]
inzwischen - meanwhile ['miːˌnwaɪl]
irgendein, etwas - any ['eni]
irgendetwas - anything ['eniˌθɪŋ]
irgendjemand - anybody ['enibədi], somebody
    ['sʌmˌbaːdi]
irgendwo - anywhere ['eniˌwer], somewhere
    ['sʌmwer]
ist - is [ɪz]
ist einverstanden - agrees [əˈgriːz]
ist nicht - isn't ['ɪzənt]
Jj
ja - yes ['jes]
Jahr, das - year ['jɪr]
Jahre, die - years ['jɪrz]
jede - each ['iːtʃ]
jeden - every ['evri]
jedoch - however [ˌhaːˈwevər], though ['ðoʊ]
jemals - ever ['evər]
jemandem - someone ['sʌˌmwən]
Jerusalem - Jerusalem [dʒəˈruːsələm]
jetzt - now ['naʊ]
Job, der - job ['dʒaːb]
joggen - jogging ['dʒaːgɪŋ]
Journalismus, der - journalism
    ['dʒɚːnəˌlɪzəm]
Juli, der - July [ˌdʒuːˈlaɪ]
jung - young ['jʌŋ]
Junge, der - guy ['gaɪ]
jünger - younger ['jʌŋgər]
Jungs, die - boys ['bɔɪz]

Kk

Kabel, das - cord ['kɔːrd]
Kaffee, der - coffee ['kɑːfi]
Käfig, der - cage ['keɪdʒ]
kalt - cold [koʊld], coldly ['koʊldli]
kann nicht - cannot ['kænat], can't ['kænt]
Käse, der - cheese ['tʃiːz]
Kasse, die - cash register ['kæʃ 'redʒəstər]
Kater, der - cat [kæt]
Kathedrale, die - cathedral [kə'θiːdrəl]
kaufen - buy ['baɪ]
kauft - buys ['baɪz]
kein, nicht - no ['noʊ]
keine Sorge - don't worry ['doʊnt 'wɜːri]
Kellner, der - waiter ['weɪtər]
Kennzeichen, das - number ['nʌmbər]
Kerl, der; Junge, der - chap ['tʃæp]
Kette, die - chain ['tʃeɪn]
Kiefer, der - jaw ['dʒɔ]
Kilogramm, das - kilogram ['kɪləˌgræm]
Kind, das - child ['tʃaɪld]
Kinder, die - children ['tʃɪldrən]
Kindergarten, der - kindergarten ['kɪndərˌgɑːrtn]
Kindermädchen, das - nanny ['næni]
Kino, das - cinema ['sɪnəmə]
Kinosaal, der - cinema hall ['sɪnəmə 'hɔl]
klar - clear ['klɪr]
Klasse, die - grade ['greɪd]
Klassenzimmer, das - classroom ['klæsˌruːm]
kleben - gluing ['gluːɪŋ]
Kleber, der; Klebstoff, der - glue ['gluː]
klein - little ['lɪtl]
Kleindungsstücke, die - clothes [kloʊðz]
kleines - small ['smɔl]
Kleingedruckte, das - fine print [faɪn 'prɪnt]
klettert - climbs ['klaɪmz]
klingelt - rings ['rɪŋz]
klingt - sounds ['saʊndz]
klopft - hits ['hɪts]
Knurren, das - growl ['graʊl]
knurrt - growls ['graʊlz]
Koch, der - chef ['ʃef]
kocht - cooks ['kʊks], cooking ['kʊkɪŋ]
Koffer, der - suitcase ['suːtˌkes], Koffer, die - suitcases ['suːtˌkesəz]
Kofferraum, der - trunk ['trʌŋk]
Kollegen, die - colleagues ['kɑːligz]
kommen - come ['kəm], kommen an - arrive [ə'raɪv]; kommen näher - approach [ə'proʊtʃ]
kommt - comes ['kʌmz], coming ['kʌmɪŋ]
kommt auf ihn zu - approaches [ə'proʊtʃɪz]
kommt aus - gets off ['gets 'ɔf]
kommt zurück - returns [rə'tɜːnz]
kompetent - competent ['kɑːmpətənt]
komplett - absolutely [ˌæbsə'luːtli]
Kompliment, das - compliment ['kɑːmpləmənt]
kompliziert - complicated ['kɑːmpləˌketəd]
König, der - king ['kɪŋ]
können - can [kæn]
könnte - could [kʊd]
Kontrast, der - contrast ['kɑːntræst]
Konzept, das - concept ['kɑːnsept]
Kopf, der - head ['hed]
kopieren - copying ['kɑːpiɪŋ]
kopiert - copied ['kɑːpid]
Körbe, die - baskets ['bæskəts]
kostet - cost ['kɑːst]
köstlich - delicious [də'lɪʃəs]
krank - ill ['ɪl], sick ['sɪk]
Kreuzung, die - intersection [ˌɪntər'sekʃn]
kriechen - crawling ['krɔlɪŋ]
kritisieren - scolding ['skoʊldɪŋ]
Krokodil, das - crocodile ['krɑːkəˌdaɪl]
Küche, die - cuisine [ˌkwɪ'ziːn], kitchen ['kɪtʃən]
Kühlschrank, der - fridge ['frɪdʒ]
kulinarisch - culinary ['kjuːləˌneri]
kümmerst - care ['ker]
Kunde, der - client ['klaɪənt]
Kunst, die - art ['ɑːrt]
Künstler, der - artist ['ɑːrtəst]
kurz - short ['ʃɔːrt]
küsst - kisses ['kɪsəz]

Ll

lächelt - smiles ['smaɪlz]
lachen - laugh ['læf]
lachend - laughing ['læfɪŋ]
lacht - laughs ['læfs]
Laden an der Ecke - convenience store [kən'viːnjəns 'stɔːr]
Laden, der - shop ['ʃɑːp], store ['stɔːr]
lädt - loads [loʊdz]
lädt ein - invites [ˌɪn'vaɪts]

Laib, der - loaf [loʊf]
Land, das - country [ˈkʌntri]
Landschaft, die - landscape [ˈlændˌskep]
lange - long [ˈlɔŋ]
Länge, die - length [ˈleŋkθ]
langsam - slowly [ˈsloʊli]
Laptop, der - laptop [ˈlæpˌtɑːp]
Lärm, der - noise [nɔɪz]
lassen - leave [ˈliːv]
lässt - let [ˈlet]
lässt fallen - drops [ˈdrɑːps]
Lastwägen, die - trucks [ˈtrəks]
Laufen, das - running [ˈrʌnɪŋ]
Laufrad, das - wheel [ˈwiːl]
launisch - capricious [kəˈprɪʃəs]
laut - loudly [ˈlaʊdli]
läuten - ringing [ˈrɪŋɪŋ]
Leben, das - life [ˈlaɪf]
lebendig - alive [əˈlaɪv]
lebt - lives [ˈlɪvz]
lecker - tasty [ˈteɪsti]
Leder, das - leather [ˈleðər]
legt auf - hangs up [ˈhæŋz ʌp]
legt sich hin - lies [ˈlaɪz ˈdaʊn]
Lehnstuhl, der - armchair [ˈɑːrmˌtʃer]
Lehrer, der - teacher [ˈtiːtʃər]
Leidenschaft, die - passion [ˈpæʃn]
Leine, die - leash [ˈliːʃ]
leise - quiet [ˈkwaɪət], quietly [ˈkwaɪətli]
Leiter, der - director [dəˈrektər]
lernen - study [ˈstʌdi]
leuchtend - bright [ˈbraɪt]
Leute, die - people [ˈpiːpl]
lieben - love [ˈləv]
Lieber - dear [ˈdɪr]
liebsten - favorite [ˈfeɪvərət]
liebt - loves [ˈləvz]
liegend - lying [ˈlaɪɪŋ]
liegt - lies [ˈlaɪz]
liest - reads [riːdz], reading [ˈriːdɪŋ]
Literatur, die - literature [ˈlɪtərətʃər]
loben - praise [ˈpreɪz]
lokalen - local [ˈloʊkl]
löscht - deletes [dɪˈliːts]
lösen - resolve [riˈzɑːlv]
losgestürzt - rushed [ˈrəʃt]
Lösung, die - solution [səˈluːʃn]
lustig - funny [ˈfʌni]

Mm
machen - do [duː]
macht - doing [ˈduːɪŋ]
macht sich auf - preparing [priˈperɪŋ]
machte nicht - didn't [ˈdɪdənt]
Madame, die - Madam [ˈmædəm]
Mädchen, das - girl [ˈgɝːl]
malen - painting [ˈpeɪntɪŋ]
manchmal - sometimes [səmˈtaɪmz]
Mann, der - man [ˈmæn]
Markt, der - market [ˈmɑːrkət]
Mars - Mars [ˈmɑːrz]
Masken, die - masks [ˈmæsks]
Maus, die - mouse [ˈmaʊs]
Mäuse, die - mice [ˈmaɪs]
medizinisch - medical [ˈmedəkl]
Meer, das - sea [ˈsiː]
mehr - more [ˈmɔːr]
meine - my [ˈmaɪ]
meinst - mean [ˈmiːn]
Meinung, die - opinion [əˈpɪnjən]
Meisterwerk, das - masterpiece [ˈmæstərˌpis]
menschlichen - human [ˈhjuːmən]
merkt - realizes [ˈriːəˌlaɪzəz]
Metall, das - metal [ˈmetl]
Meter, die - meters [ˈmiːtərz]
miaut - meows [miˈaʊz]
Millionen, die - millions [ˈmɪljənz]
Minuten, die - minutes [ˈmɪnəts]
mir, mich - me [ˈmiː]
mit - with [wɪθ]
mit dem Hund Gassi gehen - walk the dog
   [wɑːk ði: dɑːg]
mit großen Augen - wide-eyed [ˈwaɪd]
Mitglieder, die - members [ˈmembərz]
Mittag, der - noon [ˈnuːn]
Mittagessen, das - lunch [ˈləntʃ]
Mitte, die - middle [ˈmɪdl]
mittelalterlich - medieval [məˈdiːvl]
Mittwoch, der - Wednesday [ˈwenzdi]
modern - modern [ˈmɑːdərn]
mogeln - cheat [ˈtʃiːt]
möglich - possible [ˈpɑːsəbl]
Möglichkeit, die - option [ˈɑːpʃn]
Moment, der - moment [ˈmoʊmənt]
Monat, der - month [ˈmʌnθ]
Mopp, der - mop [ˈmɑːp]
morgen - tomorrow [təˈmɑːˌroʊ]

Morgen, der - morning ['mɔːrnɪŋ]
Motor, der - engine ['endʒən]
müde - tired ['taɪərd]
Mühe, die - difficulty ['dɪfɪˌkəlti]
Müll, der - garbage ['gɑːrbɪdʒ], trash ['træʃ]
Mund, der - mouth ['maʊθ]
Museum, das - museum [mjuːˈziːəm]
Musik, die - music ['mjuːzɪk]
müssen - must [mʌst]
mutig - brave ['breɪv]
Mutter, die - mom ['mɑːm], mother ['mʌðr]
Nn
nach - after ['æftər]
nach unten - down ['daʊn]
Nachbar, der - neighbor ['neɪbər]
nachdenklich - thoughtfully ['θɔtfəli]
Nachmittag - afternoon [ˌæftərˈnuːn]
Nachricht, die - message ['mesədʒ]
nächsten - nearest ['nɪrəst]
Nacht, die - night ['naɪt]
nahe - near ['nɪr]
nahm - took ['tʊk]
Name, der - name ['neɪm]
national - national ['næʃənəl]
natürlich - of course [ʌv 'kɔːrs]
neben - next to ['nekst tuː]
nehmen - take ['teɪk]
nennen - term ['tɜːm]
nennt - calls ['kɔlz]
nervös - nervous ['nɜːvəs]
nette - kind ['kaɪnd]
neu - new ['nuː]
neugierig - curious ['kjʊriəs]
Neuigkeiten, die - news ['nuːz]
nicht - not ['nɑːt]
nicht mehr - anymore [ˌeniˈmɔːr]
nichts - nothing ['nʌθɪŋ]
nickt - nods ['nɑːdz]
nie - never ['nevər]
niedrig - low ['loʊ]
niedriger, nach unten - lower ['loər]
niemand - nobody ['noʊbədi]
nimmt - grabs ['græbz], takes ['teɪks]
nimmt an - supposes [səˈpoʊzɪz]
Niveau, das - level ['levl]
noch einmal - again [əˈgen]
Norden, der - north ['nɔːrθ]
normalerweise - usually ['juːʒuəli]

Noten, die - marks ['mɑːrks]
Notiz, die - note [noʊt]
Notizbücher, die - notebooks ['noʊtbʊks]
nur - only ['oʊnli]
nur, gerade - just [dʒʌst]
Oo
obwohl - although [ˌɔlˈðoʊ]
oder - or [ɔːr]
offensichtlich - obvious ['ɑːbviəs]
öffentlichen - public ['pʌblɪk]
öffnen - open ['oʊpən]
oft - often ['ɔfn]
oh - ooh ['uː]
ohne - without [ˌwɪˈθaʊt]
Omelett, das - omelette ['ɔmlɪt]
Onkel, der - uncle ['ʌŋkl]
Opel, der - Opel ['opəl]
Organisation, die - organization
    [ˌɔːrgənəˈzeɪʃn]
Ort, der - place ['pleɪs]
Pp
Paarung, die - mating ['meɪtɪŋ]
packen - pack ['pæk]
Packung, die - package ['pækɪdʒ], packet
    ['pækət]
Papiere, die - papers ['peɪpərz]
Paragrafen, die - articles ['ɑːrtəklz]
Park, der - park ['pɑːrk]
passiert - happened ['hæpənd]; going on
    ['goʊɪŋ ɑːn]
passt - fit ['fɪt]
Pause, die - rest ['rest]
perfekt - perfectly ['pɜːfəktli]
Person, die - person ['pɜːsn]
Pfote, die - paw ['pɔ]
Picknick, das - picnic ['pɪkˌnɪk]
Pilz, der - mushroom ['mʌʃruːm]
Plastik, das - plastic ['plæstɪk]
plötzlich - suddenly [sʌdnli]
Poesie, die - poetry ['poʊɪtri]
Polizist, der - policeman [pəˈliːsmən]
Porzellan, das - porcelain ['pɔːrsələn]
posten - post [poʊst]
Postkarten, die - postcards ['poʊstkɑːdz]
Proben, die - samples ['sæmplz]
Probezeit, die - probation period [proˈbeɪʃn
    'pɪriəd]
probieren - taste ['teɪst]

Problem, das - problem [ˈprɑːbləm]
Professor, der - professor [prəˈfesər]
Profil, das - profile [ˈproʊfaɪl]
Prüfung, die - exam [ɪgˈzæm]
Puppe, die - doll [ˈdɑːl]
Puppenbett, das - doll's [ˈdɑːlz]
putzt sich - cleaning [ˈkliːnɪŋ]
Rr
Rache, die - revenge [rɪˈvendʒ]
Ratten, die - rats [ˈræts]
Rauch, der - smoke [smoʊk]
Raupe, die - caterpillar [ˈkætəˌpɪlər]
reagieren - react [rɪˈækt]
Rechnung, die - bill [ˈbɪl]
Rechtswissenschaft, die - jurisprudence [ˌdʒʊrəˈspruːdəns]
reißt - rips [ˈrɪps]
reist - traveling [ˈtrævəlɪŋ]
rennt - run [ˈrən], runs [ˈrʌnz]
reparieren - fix [ˈfɪks]
Reservierung, die - booking [ˈbʊkɪŋ]
Restaurant, das - restaurant [ˈrestəˌrɑːnt]
Retter, der - rescuer [ˈreˌskjuːər]
Rezept, das - recipe [ˈresəpi]
Richter, der - judge [ˈdʒədʒ]
richtig - correct [kəˈrekt], correctly [kəˈrektli]
Richtung, die - direction [dəˈrekʃnz]
riesig - huge [ˈhjuːdʒ]
Risiko, das - risk [ˈrɪsk]
Roberts - robert's [ˈrɑːbərts]
romantisch - romantic [roˈmæntɪk]
rot - red [ˈred]
rufen - call [ˈkɔl]
ruft an - phones [ˈfoʊnz]
ruft gerade an - calling [ˈkɔlɪŋ]
ruhig - calmly [ˈkɑːmli], calm [ˈkɑːm]
ruinieren - spoil [ˌspɔɪl]
Ss
Saft, der - juice [ˈdʒuːs]
sagt - says [ˈsez], telling [ˈtelɪŋ]
sagt abschließend - concludes [kənˈkluːdz], finishes [ˈfɪnɪʃəz]
sammeln - gather [ˈgæðər], pick [ˈpɪk]
sammelt - collects [kəˈlekts]
sanft - gently [ˈdʒentli]
Satz, der - phrase [ˈfreɪz]
Sätze, die - sentences [ˈsentənsəz]
sauber - clean [ˈkliːn]

Sauberkeit, die - cleanliness [ˈklenlinəs]
Schamane, der - shaman [ˈʃeɪmən]
Scharfrichter, der - executioner's [ˌeksəˈkjuːʃənərz]
Schatz, der - darling [ˈdɑːrlɪŋ]
Schauder, der - chill [ˈtʃɪl]
schaut an - looks [ˈlʊks]
scheint - shining [ˈʃaɪnɪŋ]
schenken - give [ˈgɪv]
schenkt - giving [ˈgɪvɪŋ]
Schere, die - scissors [ˈsɪzərz]
schimpft - scolds [skoʊldz]
schlafen - sleep [sˈliːp]
schlafend - sleeping [sˈliːpɪŋ]
schläfrig - sleepy [sˈliːpi]
schläft - asleep [əˈsliːp], sleep [sˈliːp], sleeps [sˈliːps]
schlägt vor - suggests [səgˈdʒests]
schlecht - badly [ˈbædli], poorly [ˈpʊrli]
schlecht, arm - poor [ˈpʊr]
schließlich - at last [æt ˈlæst], finally [ˈfaɪnəli]
schließt - close [kloʊz]
schmeicheln - flatter [ˈflætər]
schmutzig - dirty [ˈdɚːti]
schneit - snowing [ˈsnoʊɪŋ]
schnell - quickly [ˈkwɪkli]
schnurrend - purring [ˈpɜːrɪŋ]
schon - already [ɔlˈredi]
schön - beautiful [ˈbjuːtəfl]
schon - yet [ˈjet]
Schönheit, die - beauty [ˈbjuːti]
Schränke, die - cabinets [ˈkæbənəts]
schrecklich - terrible [ˈterəbl]
schreibt - writes [ˈraɪts]
schreien - shouting [ˈʃaʊtɪŋ]
schreiend - crying [ˈkraɪɪŋ]
schreit - cries [ˈkraɪz], shouts [ˈʃaʊts]
schrieb - wrote [roʊt]
Schriftsteller, der - writer [ˈraɪtər]
schroff - harshly [ˈhɑːrʃli]
Schublade, die - drawer [ˈdrɔːr]
schüchtern - shy [ˈʃaɪ], shyly [ˈʃaɪli]
Schuhe, die - shoes [ˈʃuːz]
Schuld, die - fault [ˈfɔlt]
schuldig - guilty [ˈgɪlti]
Schule, die - school [ˈskuːl]
Schulfreund, der - schoolmate [ˈskuːlˌmet]
Schurke, der - scoundrel [ˈskaʊndrəl]

schüttelt - shakes [ˈʃeɪks]
schwarz - black [ˈblæk]
Schweif, der - tail [ˈteɪl]
schwer - heavy [ˈhevi]
Schwester, die; Schwesterherz, das - sis [ˈsɪs], sister [ˈsɪstər]
schwierig - difficult [ˈdɪfəkəlt]
Schwimmbad, das - swimming pool [ˈswɪmɪŋ ˈpuːl]
schwimmen - swimming [ˈswɪmɪŋ]
sechs - six [ˈsɪks]
Seele, die - soul [soʊl]
sehen - see [ˈsiː]
sehen, schauen - look [ˈlʊk]
Sehenswürdigkeiten, die - sights [ˈsaɪts]
sehr - very [ˈveri]
Seil, das - rope [roʊp]
sein - be [bi]; his [hɪz]
sein, ihr - its [ˈɪts]
seines Katers - cat's [ˈkæts]
seit - since [ˈsɪns]
Seite, die - side [ˈsaɪd]
Sekretär/in, der/die - secretary [ˈsekrəteri]
selten - rare [ˈrer], rarely [ˈrerli]; seldom [ˈseldəm]
seltsam - strangely [ˈstreɪndʒli], strange [ˈstreɪndʒ]
senden - send [ˈsend]
setzen, legen, stellen - put [ˈpʊt]
setzt sich - sits [ˈsɪts]
seufzt - sighs [ˈsaɪz]
sich - herself [hərˈself], himself [ˌhɪmˈself], itself [ətˈself]
sich entschuldigen - apologize [əˈpɑːləˌdʒaɪz]
sich freuen - be glad [bi ˈglæd]
sich sehr bemühen - try hard [traɪ ˈhɑːrd]
sich vordrängen - cutting the line [ˈkʌtɪŋ ði: laɪn]
sicher - sure [ˈʃʊr]
sie - she [ʃi], they [ˈðeɪ]
sie selbst - themselves [ðemˈselvz]
sie, ihnen - them [ðəm]
sie, ihr - her [hər]
siebzig - seventy [ˈsevənti]
siegt - triumphs [ˈtraɪəmfs]
sieht - looking [ˈlʊkɪŋ], sees [ˈsiːz]
sind - are [ɑːr]; sind nicht - aren't [ˈɑːrənt]
singen - sing [ˈsɪŋ]

singend - singing [ˈsɪŋɪŋ]
Situation, die - situation [ˌsɪtʃuːˈeɪʃn]
Sitzplatz, der - seat [ˈsiːt]
sitzt - sitting [ˈsɪtɪŋ]
sized [ˈmiːdiəm] - mittlere - medium
Skulptur, die - sculpture [ˈskʌlptʃər]
Snack, der - snack [ˈsnæk]
so - so [ˈsoʊ]
Sofa, das - couch [ˈkaʊtʃ]
sofort - immediately [ˌɪˈmiːdiətli], at once [æt ˈwəns]
sogar - even [ˈiːvn]
Sohn, der - son [ˈsən]
solch - such [ˈsətʃ]
sollen - shall [ʃæl]
sollte - should [ʃʊd]
Sommer, der - summer [ˈsʌmər]
Sonne, die - sun [ˈsən]
sonnenbaden - sunbathing [ˈsʌnˌbeðɪŋ]
Sonntag, der - Sunday [ˈsʌnˌdi]
Sorge, die - worry [ˈwɜːri]
Spanisch - Spanish [ˈspæˌnɪʃ]
Sparta - Sparta [ˈspɑːrtə]
Spaß machen - joke [dʒoʊk]
spät - late [ˈleɪt]
später - later [ˈleɪtər], afterwards [ˈæftərwərdz]
Spaziergang, der - walk [ˈwɑːk]
Speisekarte, die - menu [ˈmenjuː]
Spenden, die - charity [ˈtʃerəti]
sperren - lock [ˈlɑːk]
Spezialität, die - specialty [ˈspeʃəlti]
Spiegel, der - mirror [ˈmɪrər]
Spiel, der - game [ˈgeɪm]
spielen - play [ˈpleɪ]
spielt - plays [ˈpleɪz]
Spielzeuge, die - toys [ˌtɔɪz]
spießt - stabs [ˈstæbz]
Spital, das - hospital [ˈhɑːˌspɪtl]
Spitze, die - top [ˈtɑːp]
Spitzname, der - nickname [ˈnɪkˌnem]
Sprache, die - language [ˈlæŋgwədʒ]
sprechen - speak [ˈspiːk]
sprechen, reden - talk [ˈtɔːk]
sprechend - talking [ˈtɔːkɪŋ]
spricht - speaks [ˈspiːks], taking [ˈteɪkɪŋ], talks [ˈtɑːks]
spricht an - addresses [ˈædrəsəz]

spricht weiter - continues [kənˈtɪnjuːz]
springt - jumps [ˈdʒəmps]
Stadt, die - city [ˈsɪti], town [ˈtaʊn]
Stapel, der - pile [ˈpaɪl]
stark - strong [ˈstrɔŋ], strongly [ˈstrɔŋli]
starrt - stares [ˈsterz]
statt - instead [ˌɪnˈsted]
Staub, der - dust [ˈdəst]
Steckdose, die - socket [ˈsɑːkət]
Stecker, der - plug [ˈpləg]
steht - stands [ˈstændz]
streichelt - petting [ˈpetɪŋ]
Stelle, die - point [ˈpɔɪnt]
stellt vor - introduces [ˌɪntrəˈduːsəz]
stellvertretender - deputy [ˈdepjəti]
stieg - stepped [ˈstept]
Stiegen, die - stairs [ˈsterz]
Stil, der - style [ˈstaɪl]
still - silent [ˈsaɪlənt]
Stimme, die - voice [ˌvɔɪs]
Stimmung, die - mood [ˈmuːd], spirit [ˈspɪrət]
Stirnrunzeln, das - frown [ˈfraʊn]
stolz - proud [ˈpraʊd], proudly [ˈpraʊdli]
Straße, die - road [roʊd], street [ˈstriːt]
Straßenbahn, die - tram [ˈtræm]
Streich, der - prank [ˈpræŋk]
Streit, der - dispute [ˌdɪˈspjuːt]
streng - strict [ˈstrɪkt], strictly [ˈstrɪktli]
strenger - more strictly [ˈmɔːr ˈstrɪktli]
streunender - homeless [ˈhoʊmləs]
Student/Studentin, der/die - student [ˈstuːdənt]
Studentenwohnheim, das - dorms [ˈdɔːrmz]
Studien, die - studies [ˈstʌdiz]
studiert - studying [ˈstʌdiɪŋ]
Stuhl, der - chair [ˈtʃer]
Stunden, die - hours [ˈaʊərz]
Supermarkt, der - supermarket [ˈsuːpərˌmɑːrkɪt]
Suppe, die - soup [ˈsuːp]
Süßigkeiten, die - sweets [ˈswiːts]
Symbol, das - symbol [ˈsɪmbl]
Szene, die - scene [ˈsiːn]
Tt
Tablet, das - tablet [ˈtæblət]
Tag, der - day [ˈdeɪ]
Tage, die - days [ˈdeɪz]
Tagesanbruch, der - daybreak [ˈdeɪˌbrek]
Talent, das - talent [ˈtælənt]

Tante, die - aunt [ˈænt]
tapfere - brave [ˈbreɪv]
Tasche, die - bag [ˈbæg]
tat - did [ˈdɪd]
Tatsache, die - fact [ˈfækt]
Taxi, das - taxi [ˈtæksi]
Taxiunternehmen, das - taxi service [ˈtæksi ˈsɜːvəs]
Tee, der - tea [ˈtiː]
Teller, der - plate [ˈpleɪt]
Temperament, das - temper [ˈtempər]
Teppich, der - carpet [ˈkɑːrpət]
Test, der - test [ˈtest]
teuer - expensive [ɪkˈspensɪv]
Text, der - text [ˈtekst]
Thema, das - theme [ˈθiːm]
Ticket, das - ticket [ˈtɪkət]
tief - deep [ˈdiːp]
Tier, das - animal [ˈænɪml]
Tisch, der - desk [ˈdesk], table [ˈteɪbl]
Tochter, die - daughter [ˈdɔtər]
toll - amazing [əˈmeɪzɪŋ]
Tomate, die - tomato [təˈmeɪˌtoʊ]
Ton, der - tone [ˈtoʊn]
Tor, das - gate [ˈgeɪt]
Torte, die - cake [ˈkeɪk]
töten - kill [ˈkɪl]
Tourniquet, das - tourniquet [tərnɪkət]
Traditionen, die - traditions [trəˈdɪʃnz]
tragen - carry [ˈkæri], carrying [ˈkæriɪŋ]
trägt - carries [ˈkæriz]
trainiert - trained [ˈtreɪnd]
Traum, der - dream [ˈdriːm]
träumt - dreaming [ˈdriːmɪŋ]
traurig - sad [ˈsæd], sadly [ˈsædli], upset [əpˈset]
treffen - meet [ˈmiːt], meeting [ˈmiːtɪŋ]
trinken - drink [ˈdrɪŋk]
trinkend - drinking [ˈdrɪŋkɪŋ]
Trinkschale, die - cup [kʌp]
trinkt - drinks [ˈdrɪŋks]
trotzdem - nevertheless [ˌnevərðəˈles], anyway [ˈeniˌweɪ]
tschüß - bye [baɪ]
Tube, die - tube [ˈtuːb]
tüchtig - capable [ˈkeɪpəbl]
tue nicht - don't [ˈdoʊnt]
Tulpen, die - tulips [ˈtuːləps]

Tunnel, der - tunnel ['tʌnl]
Tür, die - door ['dɔːr]
Türen, die - doors ['dɔːrz]
Türglocke, die - doorbell ['dɔːr‚bel]
tut - does [dʌz]
tut ihr leid - feels sorry ['fiːlz 'sɑːri]
tut nicht - doesn't ['dʌzənt]
Twitter - Twitter ['twɪtər]
Uu
U-Bahn, die - subway ['sʌ‚bwe]
über - over ['oʊvə], about [əˈbaʊt]
übereinstimmt - coincides [‚koʊɪnˈsaɪdz]
überholt - overtakes [‚oʊvəˈteɪks]
überprüfen - check ['tʃek]
überprüft - examining [ɪgˈzæmənɪŋ]
überraschen - surprise [sərˈpraɪz]
überrascht - surprised [sərˈpraɪzd]
Überschwemmung, die - flood ['flʌd]
übersetzen - translate [trænzˈleɪt]
Übersetzung, die - translation [trænzˈleɪʃn]
überwachend - supervising ['suːpər‚vaɪzɪŋ]
überzeugend - convincing [kənˈvɪnsɪŋ]
überzeugt - convinces [kənˈvɪnsəz]
Übung, die - exercise ['eksər‚saɪz]
umarmt - hugs ['hʌgz]
Umgebung, die - environment
    [ənˈvaɪrənmənt]
Umstände, die - circumstances
    ['sɚːkəm‚stænsəz]
und - and [ænd]
unerfreulich - unpleasant [ʌnˈplezənt]
unerwartet - unexpectedly [‚ʌnɪkˈspektədli]
ungewöhnlich - unusually [ʌˈnjuːʒəwəli]
ungewöhnliche - unusual [ʌˈnjuːʒəwəl]
unglaublich - incredibly [‚ɪnˈkredəbli]
unglücklicherweise - unfortunately
    [ʌnˈfɔːrtʃənətli]
Uniform, die - uniform ['juːnə‚fɔːrm]
Universität, die - university [‚juːnɪˈvɚːsəti]
unkorrigiert - unchecked [ənˈtʃekt]
unruhig - uneasy [ʌˈniːzi], restless ['restləs]
uns - us [əz]
unsere - our ['aʊər]
unter - under ['ʌndər]
unterbricht - interrupts [‚ɪntəˈrəpts]
Unterlagen, die - documents ['dɑːkjəmənts]
Unterricht, der - class ['klæs], lesson ['lesn],
    classes ['klæsəz]

unterrichtet - teaches ['tiːtʃəz]
Unterrichtsfach, das - subject [səbˈdʒekt]
unterste - lowermost ['loʊəmoʊst]
Unverschämtheit, die - impudence
    ['ɪmpjʊdəns]
unverständlich - incomprehensible
    [‚ɪŋ‚kɑːmprəˈhensəbl]
unzivilisiert - uncivilized [ʌnˈsɪvəlaɪzd]
unzufrieden - discontentedly [‚dɪskənˈtentɪdli]
Urlaub, der - vacation [veˈkeɪʃn]
Vv
Vater, der - dad ['dæd], daddy ['dædi], father
    ['fɑːðr]
verängstigter - frightened ['fraɪtnd]
Verbindung, die - connection [kəˈnekʃn]
verbringen - spend ['spend]
verbringt - spends ['spendz]
verdienen - earn ['ɜːn]
verdient - deserved [dəˈzɚːvd]
verfasst - composes [kəmˈpoʊzɪz]
Vergänglichkeit, die - frailness ['freɪlnɪs]
vergaß - forgot [fərˈgɑːt]
vergeben - forgive [fərˈgɪv], forgiven
    [fərˈgɪvn]
vergehen - pass ['pæs]
vergessen - forgotten [fərˈgɑːtn]
vergeuden - waste ['weɪst]
vergisst - forgets [fərˈgets]
Vergnügen, das - pleasure ['pleʒər]
vergnügt - joyfully [‚dʒɔɪfəli]
verhält - behaves [bəˈheɪvz]
verheiratet - married ['merɪd]
verjagt - chases ['tʃeɪsəz]
verkaufen - sell ['sel]
Verkäufer, der - salesman ['seɪlzmən]
Verkäuferin, die - saleswoman ['seɪl‚zwʊmən]
verkauft - sold [soʊld]
Verkehrsmittel, die - transportation
    [‚trænspərˈteɪʃn]
verlassen - left ['left]
verlaufen - lost ['lɔst]
Verlegenheit, die - embarrassment
    [emˈberəsmənt]
verliebte sich - fell in love ['fel ɪn lʌv]
verlieren - lose ['luːz]
verlockend - appetizing ['æpə‚taɪzɪŋ]
Verlust, der - loss ['lɔs]
vermisst - misses ['mɪsəz]

Vermittlung, die - dispatchers [ˌdɪˈspætʃərz]
vernünftig - sensible [ˈsensəbl]
verpflichtend - obligatory [əˈblɪgəˌtɔːri]
verschiedene - various [ˈveriəs]
verschließt - seals [ˈsiːlz]
verschmitzt - slyly [sˈlaɪli], sly [sˈlaɪ]
versehentlich - accidentally [ˌæksəˈdentli]
verstand - understood [ˌʌndərˈstʊd]
Verstand, der - intellect [ˈɪntəˌlekt], mind
    [ˈmaɪnd], sense [ˈsens]
verständlich, leicht - easy [ˈiːzi]
versteht - understand [ˌʌndərˈstænd],
    understands [ˌʌndərˈstændz]
Versuch, der - guess [ˈges]
versuchen - try [ˈtraɪ]
versucht - tries [ˈtraɪz], trying [ˈtraɪɪŋ]
Verwandte, der - relative [ˈrelətɪv]
verwechselt - mixed up [ˈmɪkst ʌp]
verwendet - using [ˈjuːzɪŋ]
verwirrt - confused [kənˈfjuːzd]
Verwirrung, die - confusion [kənˈfjuːʒn]
Verzweiflung, die - despair [ˌdɪˈsper]
viel - much [ˈmʌtʃ]
viel, viele - a lot [eɪˈlɑːt]
vielleicht - perhaps [pərˈhæps], may [ˈmeɪ],
    maybe [ˈmeɪbi]
vier - four [ˈfɔːr]
vierte - fourth [ˈfɔːrθ]
vierzig - forty [ˈfɔːrti]
Vögel, die - birds [ˈbɝːdz]
voll - full [ˈfʊl]
von - from [frʌm]
vor - in front of [ɪnˈfrʌnt ɔv]
vor einem Jahr - a year ago [eɪ jɪr əˈgoʊ]
vor kurzem - recently [ˈriːsntli]
vorbei - past [ˈpæst]
vorbeikommt - passes [ˈpæsəz]
vorbeischauen - drop by [ˈdrɑːp baɪ]
vorgeschriebenen - required [riˈkwaɪərd]
Vorlesungen, die - lectures [ˈlektʃərz]
Vorsicht, die - caution [ˈkɔːʃn]
vorübergehend - temporary [ˈtempəˌreri]
Ww
wächst - grows [groʊz]
wacht auf - wakes up [ˈweɪks ʌp]
Wächter, der - guard [ˈgɑːrd]
wählt - dials [ˈdaɪəlz], chooses [ˈtʃuːzəz]
wahr - true [ˈtruː]

während - during [ˈdʊrɪŋ], while [ˈwaɪl]
Wahrheit, die - truth [ˈtruːθ]
wahrscheinlich - probably [ˈprɑːbəbli]
Wald, der - forest [ˈfɔːrəst]
wann - when [ˈwen]
war - was [wʌz]; war nicht - wasn't
    [ˈwɑːzənt]
wärst - were [wɜːr]
warten - wait [ˈweɪt]
wartet - waiting [ˈweɪtɪŋ]
warum - why [ˈwaɪ]
was - what [ˈwət]
wäscht - washes [ˈwɑːʃəz]
Wasser, das - water [ˈwɔtər]
Wasserhahn, der - faucet [ˈfɔsət]
weg - away [əˈweɪ]; gone [ˈgɔn]
wegwerfen - throw out [ˈθroʊ aʊt]
weh tun - hurt [ˈhɝːt]
weigert - refuses [rəˈfjuːzəz]
Weihnachten, das - Christmas [ˈkrɪsməs]
weil - because [bɪˈkɔz]
weinen - cry [ˈkraɪ]
weiseste - wisest [ˈwaɪzəst]
weiß - white [ˈwaɪt]; know [ˈnoʊ], knows
    [noʊz]
weit - far [ˈfɑːr]; widely [ˈwaɪdli]
weiter - further [ˈfɝːðər]
welche - which [ˈwɪtʃ]
wenn - if [ˈɪf]
wer - who [ˈhuː]
werden - will [wɪl]
wertvoll - valuable [ˈvæljʊəbl]
Wetter, das - weather [ˈweðər]
wichtige - important [ˌɪmˈpɔːrtənt]
wie - how [ˈhaʊ]; as [æz]
wiederbeleben - revive [rɪˈvaɪv]
wiederholt - repeats [rəˈpiːts], retells [ˌriːˈtelz]
wild - furiously [ˈfjʊriəsli]
will - wants [ˈwɑːnts]
wir - we [wi]
wird - getting [ˈgetɪŋ]
wird gehört - heard [ˈhɝːd]
wird gerade repariert - being repaired [ˈbiːɪŋ
    rəˈperd]
wird ohnmächtig - faints [feɪnts]
wird sichtbar - appears [əˈpɪrz]
wirklich - real [riːl], really [ˈriːəli]
Wissen, das - knowledge [ˈnɑːlədʒ]

wissend - knowing ['noʊɪŋ]
wo - where ['wer]
Woche, die - week ['wiːk]
Wochenende, das - weekend ['wiːˌkend]
Wohnung, die - apartment [əˈpɑːrtmənt]
Wohnzimmer, das - living [ˈlɪvɪŋ ruːm]
wollen - want ['wɑːnt]
Wort, das - word ['wɝːd]
wunderbar - wonderful [ˈwʌndərfəl]
wundert - wonder [ˈwʌndər]
wurde - became [bɪˈkeɪm]
würde - would ['wʊd]
wurde ohnmächtig - fainted [ˈfeɪntəd]
Wurst, die - sausage [ˈsɔsədʒ]
wusste - knew ['nuː]
Wut, die - anger [ˈæŋgər]
wütend - angry [ˈæŋgri], furious [ˈfjʊriəs], angrily [ˈæŋgrəli]

Zz
Zahn, der - tooth ['tuːθ]
Zahnarzt, der - dentist [ˈdentəst]
Zahnklinik, die - dental surgery [ˈdentl ˈsɝːdʒəri]
Zahnschmerzen, die - toothache [ˈtuːθeɪk]
Zaun, der - fence ['fens]
Zehenspitzen, die - tiptoe [ˈtɪpˌtoʊ]
zehn - ten ['ten]
zehnten - tenth ['tenθ]
zeigt - points [ˌpɔɪnts], shows [ʃoʊz]
Zeit, die - time ['taɪm]

Zeitraum, der - period [ˈpɪriəd]
Zeitschriften, die - magazines [ˈmægəˌzinz]
Zeitung, die - newspaper [ˈnuːzˌpepər]
Zentimeter, die - centimeters [ˈsentəˌmitərz]
Zentrum, das - centre [ˈsentər]
zerriss - tore [ˈtɔːr]
zerstören - break [ˈbreɪk]
Zeus - Zeus [ˈzuːs]
zieht - pulls [ˈpʊlz]
ziemlich - pretty [ˈprɪti], quite [ˈkwaɪt]
Zigarette, die - cigarette [ˌsɪgəˈret]
Zimmer, das - room [ˈruːm]
zögerlich - hesitantly [ˈhezətəntli]
zu - towards [təˈwɔːrdz]
zubereite - prepare [priˈper]
zudem - moreover [mɔːˈroʊvə]
zufällig - random [ˈrændəm]
zufrieden - contentedly [kənˈtentədli]
zufriedene - satisfied [ˈsætəsˌfaɪd]
Zug, der - train [ˈtreɪn]
Zuhause, das - home [hoʊm]
zurechtkommen - manages [ˈmænɪdʒəz]
zurück - back [ˈbæk]
zusammen - together [təˈɡeðər]
Zustelldienst, der - courier [ˈkɜriər], delivery service [dəˈlɪvəri sɝːvəs]
zwanzig - twenty [ˈtwenti]
zwei - two [ˈtuː]
zweifeln - doubt [ˈdaʊt]
zweite - second [ˈsekənd]

Buchtipps

Das Erste Englische Lesebuch für Anfänger Band 1
Zweisprachig mit Englisch-deutscher Übersetzung
Niveaustufen A1 A2

Das Buch enthält einen Kurs für Anfänger und fortgeschrittene Anfänger, wobei die Texte auf Deutsch und auf Englisch nebeneinanderstehen. Die Motivation des Schülers wird durch lustige Alltagsgeschichten über das Kennenlernen neuer Freunde, Studieren, die Arbeitssuche, das Arbeiten etc. aufrechterhalten. Die dabei verwendete Methode basiert auf der natürlichen menschlichen Gabe, sich Wörter zu merken, die immer wieder und systematisch im Text auftauchen. Sätze werden stets aus den im vorherigen Kapitel erklärten Wörtern gebildet. Das zweite und die folgenden Kapitel des Anfängerkurses haben nur jeweils etwa dreißig neue Wörter. Die Audiodateien sind auf www.lppbooks.com/English/FirstEnglishReader_audio/ inklusive erhältlich.

Das Erste Englische Lesebuch für Anfänger Band 2
Zweisprachig mit Englisch-deutscher Übersetzung
Niveaustufe A2

Dieses Buch ist Band 2 des Ersten Englischen Lesebuches für Anfänger. Das Buch enthält einen Kurs für Anfänger und fortgeschrittene Anfänger, wobei die Texte auf Deutsch und auf Englisch nebeneinanderstehen. Die dabei verwendete Methode basiert auf der natürlichen menschlichen Gabe, sich Wörter zu merken, die immer wieder und systematisch im Text auftauchen. Sätze werden stets aus den im vorherigen Kapitel erklärten Wörtern gebildet. Die Audiodateien sind auf www.lppbooks.com/English/FirstEnglishReaderV2_audio/ inklusive erhältlich.

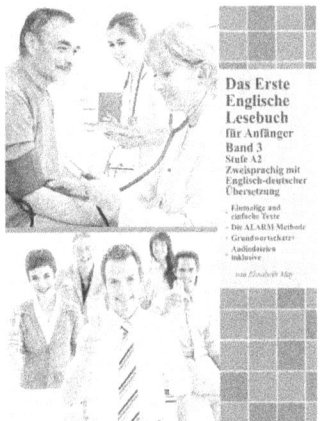

Das Erste Englische Lesebuch für Anfänger Band 3
Zweisprachig mit Englisch-deutscher Übersetzung
Niveaustufe A2

Dieses Buch ist Band 3 des Ersten Englischen Lesebuches für Anfänger. Das Buch enthält einen Kurs für Anfänger und fortgeschrittene Anfänger, wobei die Texte auf Deutsch und auf Englisch nebeneinanderstehen. Die dabei verwendete Methode basiert auf der natürlichen menschlichen Gabe, sich Wörter zu merken, die immer wieder und systematisch im Text auftauchen. Sätze werden stets aus den im vorherigen Kapitel erklärten Wörtern gebildet. Die Audiodateien sind auf www.lppbooks.com/English/FirstEnglishReaderV3_audio/ inklusive erhältlich.

Das Zweite Englische Lesebuch
Zweisprachig mit Englisch-deutscher Übersetzung
Niveaustufen A2 B1

Der Privatdetektiv ist hinter der Frau her, die er liebt. Ehemaliger Luftwaffenpilot, entdeckt er einige Seiten in der menschlichen Natur, mit denen er nicht zurechtkommen kann. Das Zweite Englische Lesebuch ist ein zweisprachiges Buch für die Stufen A2 B1. Neue Worte werden im Buch von Zeit zu Zeit wiederholt, dadurch können Sie sich leichter an sie erinnern. Die Audiodateien sind auf www.lppbooks.com/English/SecondEnglishReader_audio/ inklusive erhältlich.

Das Erste Englische Lesebuch für Kinder und Eltern
Zweisprachig mit Englisch-deutscher Übersetzung
Niveaustufe A1

Das Buch enthält einen Anfängerkurs für Kinder, wobei die Texte auf Deutsch und auf Englisch nebeneinanderstehen. Die dabei verwendete Methode basiert auf der natürlichen menschlichen Gabe, sich Wörter zu merken, die immer wieder und systematisch im Text auftauchen. Mit dem ersten Kapitel gibt es Bilder und die ersten einfachen Vokabeln, aus welchen verschiedene Sätze gebildet wurden. Mit dem zweiten Kapitel kommen die nächsten Bilder und Vokabeln hinzu, bis im Laufe des Buches aus zusammengewürfelten Sätze, kleine Geschichten werden. Einfache Texte und ein ausgewählter und dosierter Grundwortschatz führen den Lernenden behutsam in die englische Sprache ein. Die Audiodateien sind auf www.lppbooks.com/English/DasErsteEnglischeLesebuchfurKinderund Eltern/ inklusive erhältlich.

Das Erste Englische Lesebuch für Kaufmännische Berufe und Wirtschaft
Zweisprachig mit Englisch-deutscher Übersetzung
Niveaustufen A1 A2

Der Inhalt des Buches ist aufgeteilt in 25 Kapitel, die auf die Stufen A1 und A2 des gemeinsamen europäischen Referenzrahmen vorbereiten sollen. In jedem Kapitel wird eine Anzahl an Vokabeln vermittelt, die anschließend direkt in kurzen, einprägsamen Sätzen und Texten veranschaulicht werden. Dabei handelt es sich durchgehend um alltagstaugliches Material für Berufssituationen wie Telefonate, Besprechungen, Geschäftsreisen und Geschäftskorrespondenz. Die Übungen bauen logisch aufeinander auf, sodass die Texte allmählich komplexer werden. Die Audiodateien sind auf www.lppbooks.com/English/FirstBusinessReader/ inklusive erhältlich.

Das Erste Englische Lesebuch für Medizinische Fachangestellte
Zweisprachig mit Englisch-deutscher Übersetzung
Niveaustufen A1 A2

Bei diesem Lehrbuch handelt es sich um ein Lesebuch für medizinische Fachangestellte und Patientenbetreuung. Dementsprechend behandeln die Lektionstexte und Vokabeln auch Themen wie Patientengespräche, Diagnostik, die Beschreibung von Symptomen und vieles mehr, was man im Kontakt mit Ärzten und Patienten braucht. Die Lektionen sind in mehrere Blöcke unterteilt: Vokabelliste mit Lautschrift und Übersetzung, kurze Übungsdialoge und zweisprachige Texte und meistens im Anschluss einige Verständnisfragen zu den Gesprächsinhalten. Im Anhang befinden sich Vokabellisten mit wichtigen Adjektiven, Eigenschaftswörtern, Gegenteilspaaren und irregulären Verben. Die Audiodateien sind auf www.lppbooks.com/English/FirstMedicalReader/ inklusive erhältlich.

Das Erste Englische Lesebuch für Studenten
Zweisprachig mit Englisch-deutscher Übersetzung
Niveaustufen A1 A2

Das Buch enthält einen Kurs für Anfänger und fortgeschrittene Anfänger, wobei die Texte auf Deutsch und auf Englisch nebeneinander stehen. Die Dialoge sind praxisnah und alltagstauglich. Die dabei verwendete Methode basiert auf der natürlichen menschlichen Gabe, sich Wörter zu merken, die immer wieder und systematisch im Text auftauchen. In jedem Kapitel wird eine Anzahl an Vokabeln vermittelt, die anschließend direkt in kurzen, einprägsamen Texten und Dialogen veranschaulicht werden. Die Audiodateien sind auf www.lppbooks.com/English/SuG/ inklusive erhältlich.

Das Englische Lesebuch zum Kochen
Zweisprachig mit Englisch-deutscher Übersetzung
Niveaustufen A1 A2

Lernt man eine Sprache, hilft die Bekanntheit mit einem Thema, eine Verbindung zwischen zwei Sprachen herzustellen. Das Englische Lesebuch zum Kochen stellt die Wörter und Sätze sowohl in Englisch als auch in Deutsch zur Verfügung. Fünfundzwanzig Kapitel sind in Themen und Inhalte bezüglich Kochen und Nahrung gegliedert. Rezeptanleitungen, zusammen mit leichten Fragen und Antworten, zeigen den Gebrauch dieser Wörter und Sätze. Es könnte Ihren Appetit anregen oder Englischlernenden wie Ihnen helfen, ihre Kenntnis in einem bekannten Umfeld der Küche zu verbessern. Die Audiodateien sind auf www.lppbooks.com/English/DELKv1/ inklusive erhältlich.

Erste Englische Fragen und Antworten für Anfänger
Zweisprachig mit Englisch-deutscher Übersetzung
Niveaustufen A1 A2

Das Buch enthält einen Kurs für Anfänger und fortgeschrittene Anfänger, wobei die Texte auf Deutsch und auf Englisch nebeneinander stehen. Die Lektionen sind in mehrere Blöcke unterteilt: Vokabelliste mit Übersetzung, zweisprachige Texte, und Verständnisfragen zu den Gesprächsinhalten. Das Buch enthält viele Beispiele für Fragen und Antworten im Englischen. Die dabei verwendete Methode basiert auf der natürlichen menschlichen Gabe, sich Wörter zu merken, die immer wieder und systematisch im Text auftauchen. Sätze werden stets aus den im vorherigen Kapitel erklärten Wörtern gebildet. Die Audiodateien sind auf www.lppbooks.com/English/Englische_Fragen/ inklusive erhältlich.

Das Erste Englische Lesebuch für Familien
Zweisprachig mit Englisch-Deutscher Übersetzung
Niveaustufen A1 A2

Das Buch enthält eine Darstellung der englischen Gespräche des täglichen Familienlebens, wobei die Texte auf Englisch und auf Deutsch nebeneinander stehen. Die Lektionen sind in mehrere Blöcke unterteilt: Vokabelliste für den täglichen Gebrauch, zweisprachige Texte, und Verständnisfragen zu den Gesprächsinhalten. Die dabei verwendete Methode basiert auf der natürlichen menschlichen Gabe, sich Wörter zu merken, die immer wieder und systematisch im Text auftauchen. Sätze werden stets aus den im vorherigen Kapitel erklärten Wörtern gebildet. Die Audiodateien sind auf www.lppbooks.com/English/EELF inklusive erhältlich.

Thomas's Fears and Hopes
Plain Spoken English with Idioms
Bilingual for Speakers of German
Pre-intermediate Level B1

Thomas war zu seines Vaters Beerdigung nach Georgia heimgekehrt. Er wurde informiert, dass er das ganze Vermögen bekommen würde, denn er war ein Einzelkind. Da passierten einige Ereignisse, die ihm eine Furcht einjagten. Die Audiodateien sind auf www.lppbooks.com/English/PlainSpokenEnglish_audio/ inklusive erhältlich.

Fremde Wasser
Zweisprachig mit Englisch-deutscher Übersetzung
Stufe B2

Mitgründer eines Zwei-Mann-Unternehmens zu sein hat seine Vor- und Nachteile. Das kalte Wasser der Selbsttätigkeit ist aber nicht für jedermann geeignet. Die Audiodateien sind auf www.lppbooks.com/English/BusinessStartupEndeavor_audio/ inklusive erhältlich.

Das Erste Touristische Lesebuch für Anfänger
Zweisprachig mit Englisch-Deutscher Übersetzung
Niveaustufe A1

Das Lesebuch ist ein Kurs für Anfänger, wobei die Texte auf Deutsch und auf Englisch nebeneinanderstehen. Es ist der ideale Begleiter für alle, die Sprachen unterwegs lernen wollen. Das Buch enthält am häufigsten gebrauchten Wörter, einfache Sätze und Redewendungen, um sich schnell zu verständigen. Die dabei verwendete Methode basiert auf der natürlichen menschlichen Gabe, sich Wörter zu merken, die immer wieder und systematisch im Text auftauchen. Sätze werden stets aus den im vorherigen Kapitel erklärten Wörtern gebildet. Die Audiodateien sind auf www.lppbooks.com/English/ETLA inklusive erhältlich.

Who lost the money? Wer verlor das Geld?
First English Reader for Beginner and Elementary Level
Das Erste Englische Lesebuch für Stufen A1 A2
Zweisprachig mit Englisch-Deutscher Übersetzung

Der erste Teil des Buches erklärt mit Beispielen den grundlegenden Satzbau der englischen Sprache, wobei die Texte auf Englisch und auf Deutsch für einen leichteren Einsicht nebeneinander stehen. Der zweite Buchteil stellt einen Krimi dar. Die dabei verwendete Methode basiert auf der natürlichen menschlichen Gabe, sich Wörter zu merken, die immer wieder und systematisch im Text auftauchen. In der Anlage finden Sie die Liste der 1300 wichtigsten Wörter. Die Audiodateien sind auf www.lppbooks.com/English/WLM inklusive erhältlich.

Unexpected Circumstance
Zweisprachig mit Englisch-Deutscher Übersetzung
Niveaustufe B2

Die forensische Wissenschaft war eine von Damien Morins Leidenschaften. Inzwischen betraf das erste wirkliche Verbrechen, dass er untersuchte, seine eigene Vergangenheit. Die Audiodateien sind auf www.audiolego.com/English/Lopez/ inklusive erhältlich.

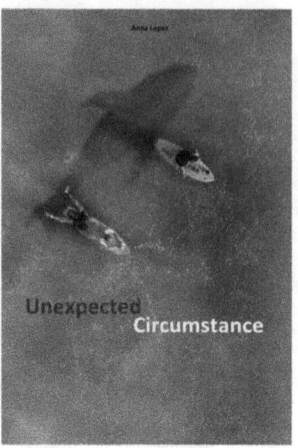

www.ingramcontent.com/pod-product-compliance
Lightning Source LLC
Chambersburg PA
CBHW080343170426
43194CB00014B/2673